MAX LUCADO

AUTOR *BEST SELLER* DEL *NEW YORK TIMES*

Lo que sucederá después

UNA GUÍA PARA EL VIAJERO A TRAVÉS DEL FIN DE LOS TIEMPOS

TAMBIÉN POR MAX LUCADO

INSPIRADORES:

3:16

Acércate sediento

Aligere su equipaje

Al entrar al cielo

Ansiosos por nada

Ansiosos por nada para lectores jóvenes

Aplauso del cielo

Comienza con la oración

Como Jesús

Cuando Cristo venga

Cuando Dios susurra tu nombre

Cura para la vida común

Diez mujeres de la Biblia

Dios se acercó

Él escogió los clavos

Él nos entiende

El secreto de la felicidad

En el ojo de la tormenta

Enfrente a sus gigantes

En manos de la gracia

Esperanza inconmovible

Fuiste creado para un momento como éste

Gente común: perdidos y hallados

Gracia

Gran día cada día

La gran casa de Dios

Más allá de tu vida

Max habla sobre la vida

Mi Salvador y vecino

No se trata de mí

Nuestra ayuda fiel

Seis horas de un viernes

Sin temor

Todavía remueve piedras

Un amor que puedes compartir

LIBROS DE REGALO:

Dios nunca se da por vencido contigo

Experimenta el corazón de Jesús

Gracia para todo momento. Devocional para la familia

Jesús, el Dios que sabe tu nombre

La historia de un ángel

Nunca estás solo

Para estos tiempos difíciles

Segundas oportunidades

LIBROS INFANTILES:

Dónde se fue mi risa

Puedes contar con Dios, 100 devocionales para niños

MAX LUCADO
AUTOR *BEST SELLER* DEL *NEW YORK TIMES*

Lo que sucederá después

UNA GUÍA PARA EL VIAJERO A TRAVÉS DEL FIN DE LOS TIEMPOS

GRUPO
NELSON

Lo que sucederá después

Publicado en Nashville, Tennessee, Estados Unidos de América.
Grupo Nelson es una marca registrada de Thomas Nelson.
www.gruponelson.com
Este título también está disponible en formato electrónico y audio.

Título en inglés: *What Happens Next*

Publicado por Nelson Books, un sello de Thomas Nelson.
Thomas Nelson es una marca registrada de HarperCollins Christian Publishing, Inc.

Traducción, edición y adaptación del diseño al español: *Grupo Scribere*

ISBN: 978-1-40034-723-0
E-book: 978-1-40034-724-7
Audio: 978-1-40034-725-4

El número de control de la Biblioteca del Congreso estará disponible previa solicitud.
Impreso en Estados Unidos de América
24 25 26 27 28 LBC 5 4 3 2 1

Denalyn y yo queremos dedicar este libro a nuestros maravillosos amigos de HarperCollins Christian Publishing, cuya amabilidad, profesionalismo y compromiso con la calidad nos han beneficiado por varias décadas. Para nosotros es un honor conocerlos y celebrar su magnífica labor.

Contenido

Agradecimientos

UN MARAVILLOSO GRUPO DE amigos y colegas contribuyó a este libro. Ellos me dieron consejos, respondieron mis interrogantes, me corrigieron errores, y me dieron mucho ánimo. Permítanme que se los presente.

Mi asistente editorial, Karen Hill; hemos trabajado juntos durante más de tres décadas. En el mundo no hay nadie que haya escuchado más lecciones de Lucado y leído más capítulos de Lucado que ella. Es una santa y le estaré agradecido por siempre.

Mi editor, Sam O'Neal; imperturbable, tranquilizador y capaz. Si este libro aporta claridad, se debe en gran parte al talento innato de Sam para ayudar a que un escritor no se desvíe de su tarea y sortee los laberintos. Sam, muchas gracias.

Steve y Cheryl Green dirigen mis publicaciones, la difusión y el ministerio en línea... ¡me dirigen a mí! ¡Y con gozo lo dirigen todo!

Una tropa de colegas de la iglesia donde sirvo se reunió conmigo cada semana durante varios meses; y leyó cada capítulo por adelantado. Nos reuníamos para orar, escudriñar los pasajes, y procurar encontrar la verdad bíblica. Muchísimas gracias a Travis Eades, Jeremy Jennings, Pat Hile, Matt Moore y Rick Nicosia.

Tres estudiosos tuvieron la amabilidad de revisar este manuscrito y dar sus opiniones: Mark Hitchcock, Matt Queen y David Drury; amigos generosos con su tiempo y honestos con sus aportaciones. En nuestros momentos de desacuerdo, fueron amables; cuando estuvimos de acuerdo, fueron de mucho apoyo. Les estoy profundamente agradecido.

O. S. Hawkins, Jimmy Evans y David Jeremiah estaban siempre al alcance mediante llamadas o mensajes de texto. Tres estudiantes consagrados de la Biblia; los tres me brindaron ánimo y amistad.

Mi gratitud sincera y con gran admiración para Carol Bartley, mi editora desde hace mucho tiempo.

Todo mi aprecio para Rhonda Lowry por comprobar y confirmar

las fuentes y también para Phil Newman, Kelsey Mitchener y Kristin Spann por la corrección del manuscrito. Gracias por perfeccionarlo. Elena de Medina editó la traducción de este libro al español y, al hacerlo, aportó valiosas sugerencias. ¡Gracias!

Jana Muntsinger y Pamela McClure; publicistas inigualables. Les estoy agradecido.

El equipo de HarperCollins Christian Publishing marca el estándar superior. Estoy en deuda con Mark Schoenwald, Don Jacobson, Andrew Stoddard, Mark Glesne, Bria Woods, Janene MacIvor, Laura Minchew, Doug Lockhart, Mark Weising y Dave Schroeder.

Un agradecimiento especial para los artistas creativos Emily Ghattas y Curt Diepenhorst por el diseño de este libro, así como para Layne Pittman y David Feagan por producir el libro de audio.

Greg, Susan y Daniel Ligon tienen la capacidad extraordinaria de hacer mil malabares y acorralar a una manada de sementales. Ustedes me asombran.

Y ahora una ovación ferviente para Caroline Green, supervisora del pódcast *Encouraging Word* [Palabra alentadora] y colaboradora brillante en todos los sentidos.

Margaret Mechinus y Janie Padilla mantienen sus alas escondidas, pero no se dejen engañar; son ángeles que el cielo nos ha prestado.

Hace años empecé a invitar a David Treat, un anciano de nuestra iglesia, a la sesión final de edición; y cada año, él dedica dos o tres días a sentarse en un rincón de la sala y orar mientras trabajamos. La imagen de un siervo.

Brett, Jenna, Rosie, Max, Rob, Andrea, Rio, Jeff, Sara y June. Nuestra familia sigue creciendo, al igual que mi amor.

Denalyn, mi novia. Eres todo lo que siempre quise hacer y ser. Te amo.

Y a ti, querido lector. Gracias. Que Dios te bendiga en este estudio de lo que sucederá después. El tema es sumamente emocionante y vigorizante. Oro por ti.

Una última palabra. Tengo un asiento reservado en la cafetería del cielo «Pastores que predicaron sobre el fin de los tiempos» (PWPOET, por sus siglas en inglés). Nos alegraremos por las cosas que comprendimos de manera correcta; nos reiremos de lo que no entendimos en absoluto. Sobre todo, honraremos al Maestro único que está por encima de todos nosotros: Jesucristo.

LA LÍNEA DE TIEMPO DEL CIELO

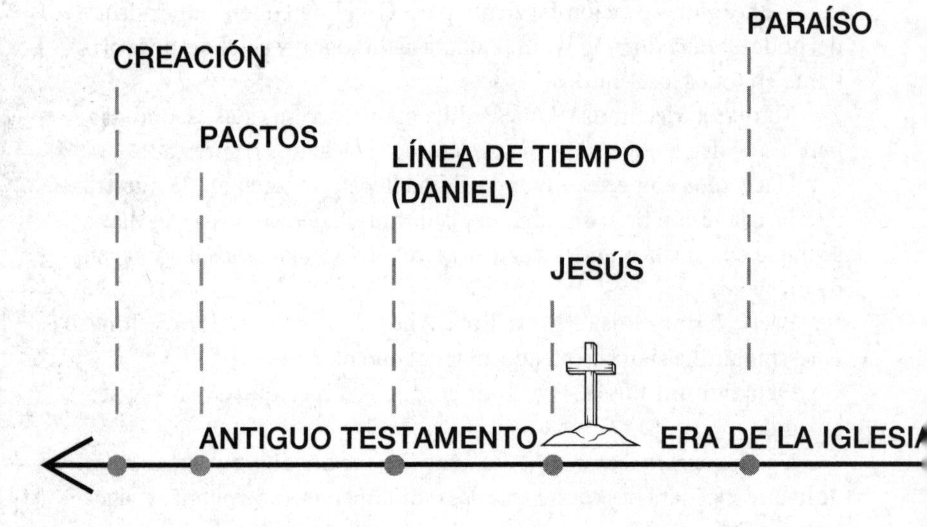

NO A ESCALA

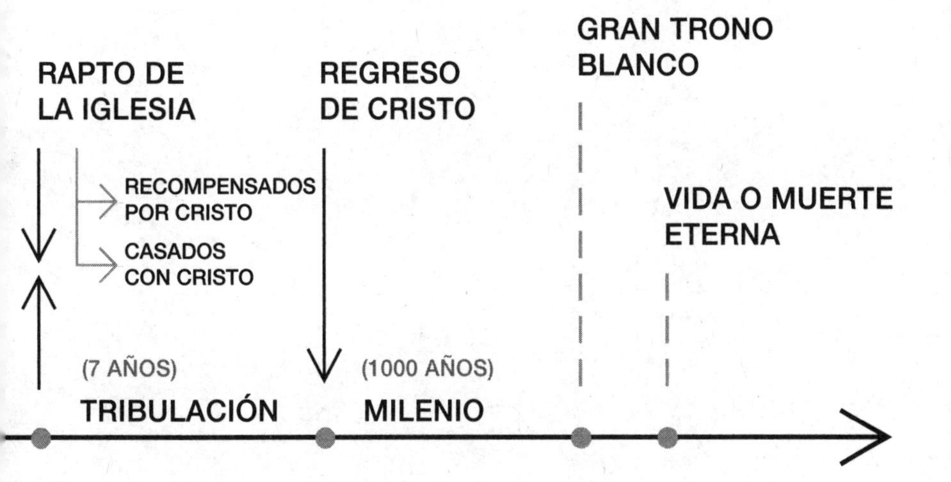
GRAN TRONO BLANCO
RAPTO DE LA IGLESIA
REGRESO DE CRISTO
RECOMPENSADOS POR CRISTO
CASADOS CON CRISTO
VIDA O MUERTE ETERNA
(7 AÑOS)
(1000 AÑOS)
TRIBULACIÓN
MILENIO

CAPÍTULO 1

Preparados

YA ELEGISTE LA ROPA; revisaste el estado del tiempo y seleccionaste una chaqueta. Los artículos de aseo están empaquetados; la maleta lista; el hotel confirmado. Descargaste la tarjeta de embarque. El auto que te llevará al aeropuerto está listo. Antes de salir por la puerta, te detienes para revisar la lista.

¿Botella de agua? La tengo.

¿Dinero para gastos? Sí.

¿Teléfono inteligente? ¿Un libro? ¿Diario y bolígrafo? Listo. Listo. Listo.

Estás preparado.

En el camino puede haber sorpresas, incidentes inesperados, interrupciones por aquí, cambios por allá; retrasos, paradas, desvíos. No puedes saber todo lo que va a pasar; no obstante, has hecho todo lo posible para prepararte. Hiciste tus planes, revisaste el itinerario y previste el viaje. Estás equipado. Estás listo.

Estás preparado.

¿No sería insensato no estarlo?

He viajado mucho durante décadas; he pasado fatigosamente por docenas de aeropuertos y he dormido en infinidad de hoteles. Le he gastado las ruedas a la maleta. He hablado con cientos de viajeros. Me considero un experto en charlas rápidas de aeropuerto; que, por lo general, constan de una pregunta.

«¿Adónde te diriges?».

Ahí la tienes; ya estás preparado para el parloteo de viaje. Esa pregunta es para un viajero lo que una cuchara para un chef. Yo la uso a menudo.

He escuchado cientos de respuestas. «Toledo». «Río». «Tokio». «Kokomo». Sin embargo, nunca jamás he oído esta respuesta: «No sé».

Ni una sola vez alguien ha dicho: «No tengo idea».

Los viajeros conocen su destino, ¿verdad? El Curso básico para los viajes señala: «Conoce a dónde vas».

¿No diría lo mismo el Curso básico para la vida?

Todos nos dirigimos a alguna parte. Cada día nos acerca más a un último aliento, un último latido, un último suspiro. Nadie se pone más joven. La muerte llega al joven, al viejo, al rico, al pobre, al decente, al decadente, al rey y al plebeyo. ¿No debería preocuparnos bastante nuestro destino?

En realidad, la Biblia así lo indica; en ella encontramos alrededor de quinientas referencias sobre el cielo.[1] El Nuevo Testamento menciona el regreso de Jesús más de trescientas veces: ¡uno de cada treinta versículos! Veintitrés de los veintisiete libros del Nuevo Testamento describen la segunda venida de Jesús, y en unas cincuenta ocasiones se nos indica que estemos listos para ella.[2]

Si cantidad equivale a prioridad, entonces la vida después de esta vida es un tema crucial para Dios.

Al escudriñar las enseñanzas de la Escritura sobre el futuro, surgen dos temas de forma reiterada.

Todo gira en torno a la esperanza

La noche antes de su crucifixión, Jesús les habló a sus seguidores sobre lo que iba a suceder al día siguiente: sus amigos lo abandonarían y sus enemigos lo matarían. Negación, traición, promesas incumplidas y muerte.

¿Qué noticia podría ser peor para ellos? Su rabino, muerto; los apóstoles, solos; sus sueños, acabados. En sus mentes, estas preguntas se elevaban cual olas en un mar tempestuoso.

«¿Cómo puede ser?».

«¿Qué quiere decir con esto?».

«¿Adónde iremos?».

No obstante, antes de que pudieran expresar sus temores, Jesús los calmó.

«No se angustien. Confíen en Dios y confíen también en mí. En el hogar de mi Padre hay muchas viviendas. Si no fuera así, ¿les habría dicho yo a ustedes que voy a prepararles un lugar allí? Y si me voy y se lo preparo, vendré para llevármelos conmigo» (Jn 14:1-3, NVI).

Fíjate en lo que hizo Jesús. Los hizo mirar hacia arriba; cambió sus pensamientos. Habló de la casa de su Padre, de un lugar preparado y de su prometido regreso. En esencia, les señaló: «No piensen tanto en sus temores presentes; sino piensen mucho en su hogar eterno». ¿Qué le diría Jesús a esta atribulada generación nuestra?

La esperanza es una especie en peligro de extinción. En casi cincuenta años, hoy estamos más turbados que nunca. Solo el 14 % de los encuestados marca la casilla «muy feliz» en el cuestionario. Hoy somos menos optimistas en cuanto al futuro que en las últimas tres décadas. «Casi una de cada cuatro personas (el equivalente a mil millones de personas) se siente muy o bastante sola».[3] La felicidad ha menguado; la soledad ha aumentado; y el optimismo ha recibido un duro golpe en el mentón.

Lo más alarmante es la ausencia de paz entre nuestros jóvenes. Las investigaciones del Instituto Nacional de Salud Mental (NIMH, por sus siglas en inglés) revelan una epidemia de problemas de salud mental entre los jóvenes de dieciocho a veinticuatro años en Estados Unidos.

- Uno de cada cuatro presenta síntomas de trastorno de ansiedad.[4]
- Uno de cada ocho adultos jóvenes (13 %) ha tenido pensamientos suicidas graves.[5]
- Uno de cada siete adultos jóvenes padece un trastorno por consumo de sustancias, que incluye drogas o alcohol.[6]
- En general, la mitad de las personas en edad universitaria indican que experimentan regularmente ansiedad, depresión, miedo o pensamientos suicidas.[7]
- Los adultos jóvenes de hoy (la generación de líderes de mañana) luchan por encontrar sentido y propósito a sus vidas.[8]
- La tasa de suicidios es la más alta desde la Segunda Guerra Mundial.[9]

Te sientes identificado. Te han roto el corazón. Tus sueños se han hecho añicos. Tu cuerpo ha luchado contra la enfermedad y el envejecimiento; y tal vez te has preguntado, sinceramente, si esta vida vale la pena.

La terapia de Dios para nuestros temores dice lo siguiente:

> Pues nuestras dificultades actuales son pequeñas y no durarán mucho tiempo. Sin embargo, ¡nos producen una gloria que durará para siempre y que es de mucho más peso que las dificultades! Así que no miramos las dificultades que ahora vemos; en cambio, fijamos nuestra vista en cosas que no pueden verse. Pues las cosas que ahora podemos ver pronto se habrán ido, pero las cosas que no podemos ver permanecerán para siempre. (2 Co 4:17-18, NTV)

Afronta los problemas de esta vida con un enfoque en las promesas de la venidera.

Afronta los problemas de esta vida con un enfoque en las promesas de la venidera. Si conoces el futuro, este no es tan aterrador; y puedes conocer el futuro cuando sabes quién lo controla.

Todo gira en torno a él

El día que Jesús ascendió al cielo aparecieron dos ángeles, y a los seguidores que todavía miraban hacia arriba les hicieron esta pregunta: «Varones galileos, ¿por qué están mirando al cielo? Este mismo Jesús, que ha sido tomado de ustedes al cielo, vendrá de la misma manera, tal como lo han visto ir al cielo» (Hch 1:11, NBLA).

¡Jesús vendrá! No es que «puede venir», «podría venir» o «tal vez pudiera venir». ¡Jesús vendrá! Su regreso prometido no es una aspiración nebulosa, insustancial, por la que uno cruza los dedos. Es una aparición concreta y garantizada de nuestro Salvador.

Jesús validó su regreso cuando dejó vacía su tumba. El apóstol Pablo estaba convencido de esto:

> … si no hay resurrección para Cristo, todo lo que les hemos dicho sería un espejismo, y todo por lo que se han jugado la vida es un espejismo […] Si todo lo que conseguimos de Cristo es algo de inspiración para unos pocos años, somos un grupo que da pena. Sin embargo, lo cierto es que Cristo *ha* sido resucitado, el primero de

> una larga sucesión de los que saldrán de los cementerios. (1 Co 15:14, 19-20, MSG, énfasis añadido)

¿Está vacía la tumba de Jesús? ¿Destrozó el poder de la muerte? ¿Echó Cristo los sudarios a un lado, como hacemos con un mal hábito, y salió de la tumba?

Las mujeres que acudieron al sepulcro afirmaban: «¡Sí, lo vimos!» (Jn 20:11-17; Mt 28:9-10).

Sus discípulos reunidos en el aposento alto afirmaban: «¡Sí, lo vimos!» (Jn 20:19-29).

Quinientos seguidores señalaban: «¡Sí, lo vimos!» (1 Co 15:6).

«¡Pónganlos en fila! —solicita el Nuevo Testamento—. Pregunten a los seguidores si Jesús resucitó de entre los muertos».

La respuesta rotunda es «Sí». El suelo de su tumba tiene huellas de pies traspasados, pies que estuvieron clavados en una cruz el viernes e inertes en la tumba el sábado. No obstante, el domingo, la esperanza de la Pascua los hizo levantarse, dar un paso y salir de la tumba.

Cuando Jesús abandonó la tumba, colmó de esperanzas el corazón de la humanidad. Nuestra confianza en su regreso no está vacía como su tumba.

Pedro vivió la mayor parte del resto de sus años en Jerusalén. ¿Cuántas veces habrá dado el breve paseo hasta el monte de los Olivos y reflexionado sobre las palabras del ángel? «Volverá». ¿Escudriñaría las nubes? ¿Contemplaría los cielos? ¿Reflexionaría sobre la promesa del ángel? «Jesús vendrá de la misma manera, tal como lo han visto ir al cielo».

Tres décadas más tarde instó a sus lectores a hacer lo mismo. «... pongan su esperanza completamente en la gracia que se les traerá en la revelación de Jesucristo» (1 P 1:13, NBLA).

El cristiano vive de puntillas, siempre escudriñando el cielo. Al despertarnos pensamos: *¡Quizá hoy!* Nuestra esperanza gira en torno al regreso corporal de Cristo. Esperamos una nueva era en la que Jesús será coronado como Rey legítimo y le serviremos como siervos agradecidos. Toda la historia se encamina hacia el gran día que inaugurará una era eterna de justicia, gozo y gloria.

En uno de sus primeros sermones, Pedro declaró: «Dios [...] les enviará a Jesús, que es el Mesías que desde un principio Dios había decidido enviarles. Por ahora, Jesús tiene que quedarse en el cielo, hasta que Dios vuelva a hacer nuevas todas las cosas...» (Hch 3:19-21, TLA).

Hasta que Dios vuelva a hacer nuevas todas las cosas. ¿Acaso esa promesa no habla al corazón apesadumbrado? ¿Hastiado del racismo? *Hasta que Dios vuelva a hacer nuevas todas las cosas.* ¿Hastiado del abuso infantil? *Hasta que Dios vuelva a hacer nuevas todas las cosas.* ¿Hastiado de terroristas que siembran el pánico? ¿De gobernantes que saquean a los pobres? ¿De escándalos que contaminan la iglesia? *Hasta... que... Dios... vuelva... a... hacer... nuevas... todas... las... cosas.*

Esa es nuestra esperanza. *Él* es nuestra esperanza. «Cristo Jesús nuestra esperanza» (1 Ti 1:1, NBLA). Sigue el consejo de Pablo: «Poned la mira en las cosas de arriba, no en las de la tierra» (Col 3:2, RVR1960). No estoy de acuerdo con la persona que señala: «Podemos tener una mentalidad tan enfocada en lo celestial que no aportamos nada bueno a lo terrenal». Tonterías. C. S. Lewis escribió: «Si lees historia descubrirás que los cristianos que más hicieron por el mundo actual fueron precisamente los que más pensaban en el venidero». Y añadió: «Los propios Apóstoles, que iniciaron la conversión del imperio romano, los grandes hombres que erigieron la Edad Media, los evangélicos ingleses que abolieron el comercio de esclavos, todos dejaron su huella en la tierra, precisamente porque sus mentes estaban centradas en el cielo».[10]

Le conté a un amigo que yo estaba escribiendo un libro sobre el fin de los tiempos. Me respondió con cinismo. «¿Por qué pensar en el futuro? Soy un tipo que prefiere el *carpe diem*. Opto por centrarme en el aquí y ahora». Buen punto. Tenemos que pagar las facturas, criar hijos y terminar las cosas en el plazo señalado. ¿Por qué ocupar nuestra mente con el «todavía no» cuando necesitamos fuerzas para afrontar el «ahora mismo»?

Muy sencillo. Comprender el futuro nos capacita para afrontar el presente. Pablo pensaba lo mismo: «No, amados hermanos, no lo he logrado, pero me concentro únicamente en esto: olvido el pasado y fijo la mirada en lo que tengo por delante, y así avanzo hasta llegar al final de la carrera para recibir el premio celestial al cual Dios nos llama por medio de Cristo Jesús» (Fil 3:13-14, NTV).

Fíjate en esas frases: «fijo la mirada en lo que tengo por delante», «final de la carrera», «premio celestial». Lo mejor de la vida está por llegar. ¿Tienes retos en esta vida? Entonces medita en la siguiente. Sé un seguidor de Cristo que mira al futuro.

Además, ¿no anhelamos conocer el futuro? Yo sí.

Siento curiosidad genuina por lo que vendrá después; quizás porque me estoy poniendo viejo. Mi próximo pastel de cumpleaños necesitará espacio para setenta velas. Me hará falta un extintor para apagarlas. Mi cabello se ha puesto más gris y mi calva más grande. Mi reloj de arena tiene mucha más arena en el fondo que en la parte superior. Por todo esto, la escatología (el estudio del fin de los tiempos) se ha convertido en una fascinación para mí. Es extraño, lo sé. Algunas personas se dedican a la jardinería o a la pintura cuando envejecen; yo me he ocupado en cuestiones referentes al rapto, el anticristo y el Armagedón. Quiero saber realmente lo que está a la vuelta de la esquina.

Siento curiosidad por el futuro.

También me preocupa el presente. ¿A quién no le preocuparía? Mientras escribo estas palabras, Estados Unidos vive bajo la amenaza de un conflicto con Irán, o con China, o con Rusia; o los tres. Israel está en guerra con Hamás, y Hezbolá choca espadas con Israel. A esto le podríamos añadir otro grupo de preocupaciones: cambios en los patrones climáticos, pandemias y hambrunas. Nuestra condición precaria ha llevado a un grupo a seguir la posibilidad de una catástrofe mundial. ¿Su último cálculo? Faltan «noventa segundos para medianoche».[11]

Un verdadero desastre, ¿no es así? No es de extrañar que cuatro de cada diez estadounidenses crean que estamos viviendo el final de los tiempos.[12] Estamos contemplando un futuro sumamente grave. Sin embargo, Jesús nos dijo que esperáramos aguas agitadas.

Según él, los últimos días se caracterizarán por una escalada de acontecimientos de…

- engaño;
- señales en los cielos;
- agitación económica;
- actividad sísmica;
- persecución de los cristianos;
- conflictos políticos;
- hambrunas;
- pestilencia;
- conmociones;
- conflictos étnicos;
- falsos profetas;

- fe debilitada;
- visiones horribles;
- guerras y rumores de guerras, y
- enfermedades (Mt 24:4-14; Mr 13:5-13; Lc 21:11).

Parece que estamos escuchando las noticias del día. Jesús señaló: «Pero todo esto *es solo el* comienzo de dolores» (Mt 24:8, NBLA).

Sé de buena fuente que los dolores de parto aumentan en frecuencia e intensidad a medida que se acerca el alumbramiento. Jesús hablaba de un día en que esto le ocurrirá al mundo. Habrá una generación en la que el peligro y la depravación aumentarán a un ritmo cada vez mayor.

¿Estamos viviendo en esa época? En otras palabras...

¿Es este el último cuarto?

Yo creo que sí. El viernes 14 de mayo de 1948 sucedió algo que marcó la diferencia entre esta era y cualquier otra en la historia humana.

Aquel día, dos hombres se sentaron en un tranquilo rincón del F Street Club de Washington D. C. y redactaron una declaración que la Casa Blanca haría pública en breve. Uno de ellos era Harry Truman, convertido en presidente de Estados Unidos cuando Franklin Roosevelt murió, a principios de su cuarto mandato. Los años siguientes llevaron a Truman a uno de los capítulos más turbulentos de la historia estadounidense. Bajo su liderazgo se puso fin a la Segunda Guerra Mundial, se crearon las Naciones Unidas, se eliminó la segregación racial en el ejército norteamericano y nació el Plan Marshall. Fue presidente durante las rendiciones de Alemania y Japón. Asimismo, fue testigo de la caída de la cortina de hierro en Europa Oriental y de la cortina de Bambú en China y partes de Asia Oriental.

Sin embargo, de todas las decisiones de Truman, ninguna se remontaba más al pasado, ni tenía más implicaciones para el futuro eterno, que esa que debatía con su asesor especial Clark Clifford. Estaba en juego la ratificación de un Estado judío. Aunque gran parte de su administración, incluido su secretario de Estado, se opuso a tal medida, Truman estaba decidido. Como cristiano que era, había procurado el consejo del destacado pastor J. Frank Norris de Fort Worth, Texas.[13]

Norris le recordó al presidente la promesa de Dios a Isaac: «Vive aquí como extranjero en esta tierra, y yo estaré contigo y te bendeciré.

Yo, con estas palabras, confirmo que te daré todas estas tierras a ti y a tu descendencia, tal como le prometí solemnemente a Abraham, tu padre» (Gn 26:3, NTV).

Truman le envió al pastor Norris una nota de agradecimiento; y poco después tomó su decisión.

Luego de trabajar arduamente para pulir la redacción de la declaración, Clifford llamó con apremio a Elihu Epstein, un funcionario de la agencia judía en Washington, para informarle que la ratificación se produciría ese mismo día. «El nuevo Estado judío, el primer Estado judío en casi 2000 años, fue declarado según lo previsto a la medianoche en Jerusalén; 6:00 p. m. en Washington. Once minutos después, en la Casa Blanca, Charlie Ross anunció el reconocimiento *de facto* por parte de Estados Unidos».[14]

El presidente firmó una proclama de dos párrafos que señalaba: «Este gobierno ha sido informado de que se ha proclamado un Estado judío en Palestina, y el gobierno provisional ha solicitado la ratificación del mismo. Estados Unidos reconoce al gobierno provisional como la autoridad *de facto* del nuevo Estado de Israel».

El nombre «Estado de Israel» fue escrito a mano porque el nombre de la nación fue elegido a última hora.

¿A qué otra nación Dios le ha prometido una tierra, ha sido expulsada de ella, y luego ha regresado? La respuesta: a ninguna. Sin embargo, este restablecimiento fue prometido en la Escritura.

En Ezequiel, 650 años antes de Cristo: «Pues los recogeré de entre todas las naciones y los haré regresar a su tierra» (Ez 36:24, NTV).

En Isaías, 740 años antes de Cristo: «Izará una bandera para las naciones, reunirá a los desterrados de Israel y de los cuatro puntos cardinales juntará al pueblo esparcido de Judá» (Is 11:12, NVI).[15]

El 14 de mayo de 1948 marcó una nueva página en el calendario de la historia profética. Las circunstancias cambiaron cuando los judíos recibieron su tierra. Como veremos en las páginas siguientes, casi todos los acontecimientos clave del fin de los tiempos giran en torno a la existencia de Israel como nación.

- El Libro de Daniel profetiza un pacto entre el anticristo e Israel (Dn 9:27); algo que solamente puede ocurrir si la nación de Israel existe.

- La Escritura profetiza una reconstrucción del templo (Is 2:1-4; 2 Ts 2:4). Una vez más, para que esto ocurra Israel debe existir.
- Daniel y Jesús predijeron un acto de sacrilegio grave en el templo (Dn 12:11; Mr 13:14). Si no existe Israel, no hay templo.
- La batalla de Armagedón solo tiene sentido si Israel ocupa la tierra donde se encuentra ese valle en específico (llamado Meguido).

Antes de 1948 la idea de una repoblación judía de Israel como Estado era algo inconcebible. Durante más de veinte siglos, los judíos estuvieron esparcidos por más de setenta países. Sin embargo, desde 1948 los hemos visto regresar. Por primera vez desde el año 135 d. C., hay más judíos viviendo en Israel que en cualquier otro lugar de la tierra.

A este reasentamiento a menudo se lo denomina «súper señal». De forma reiterada, la Biblia presenta la reagrupación del pueblo judío como un momento clave que debe suceder antes de que ocurran otros sucesos del fin de los tiempos (Jr 30:1-5; Ez 34:11-24; Ez 37; Zac 10:6-10). Es similar a cuando ondean la bandera en una carrera de NASCAR, señalando que es la última vuelta. Ahora que la súper señal ha tenido lugar, otras señales adquieren mayor importancia. Siempre hemos tenido guerras, desastres y engaños. No obstante, ahora que el hito tuvo lugar, e Israel está restaurado, las otras señales apuntan progresivamente al fin inminente.

Si la historia es un año, las hojas ya tienen un color dorado otoñal.

Si la historia es un día, el sol ha comenzado a ponerse.

Si la historia es una hora, las manecillas del reloj están por completar su recorrido.

Hemos entrado en los últimos días. Entonces, estemos velando. Declaremos: el fin está cerca.

Mi tarea en el equipo de fútbol de la secundaria era anunciar el inicio del último cuarto. Éramos cinco, tal vez seis, y éramos los inadaptados del equipo de preparatoria. No tan malos como para que nos echaran, pero tampoco suficientemente buenos para jugar. En la perrera del fútbol, éramos los perros mestizos.

No obstante, teníamos nuestro momento; y ese momento llegaba al inicio del último cuarto de cada partido.

Hemos entrado en los últimos días. Entonces, estemos velando. Declaremos: el fin está cerca.

Cuando el entrenador nos daba la señal, nuestra tarea consistía en correr de un lado a otro de la banda, alzando cuatro dedos al aire y gritando: «¡Empezó el cuarto tiempo! ¡Empezó el cuarto tiempo!».

Los equipos suelen cansarse a medida que avanza el juego. Los minutos pasan factura, y los jugadores necesitan ese aviso. *Este es el último esfuerzo antes del final. ¡Esfuérzate! ¡Alerta!*

Alguien tenía que gritar: «¡Empezó el cuarto tiempo!», y eso hacíamos.

¿No hace falta declarar lo mismo hoy?

Cristo puede venir en cualquier momento. Lo creo de todo corazón; y no solo por lo que leo en la Escritura, sino también por lo que leo en las noticias.

Para ser claros, «Pero en cuanto al día y la hora, nadie lo sabe, ni siquiera los ángeles del cielo, ni el Hijo, sino solo el Padre» (Mt 24:36, NVI). La hora exacta permanece oculta. Si bien no podemos conocer el día ni la hora, sí podemos conocer las señales. ¿No estarías de acuerdo en que las señales de nuestros días justifican que estemos alertas?

> Dios nos dice lo que nos espera, no para asustarnos, sino para prepararnos.

Nosotros podemos elegir si vemos el futuro a través de los ojos del temor o de la fe. Los ojos del temor ven pocos motivos para abrigar esperanza, y muchos motivos para estar ansiosos. Los ojos de la fe ven que la historia se acerca cada vez más a una nueva era, a un destino celestial. Si Dios nos dice lo que nos espera, no es para asustarnos, sino para prepararnos. Él es el piloto que, cuando hay turbulencias inminentes, avisa a los pasajeros por el intercomunicador. Un buen piloto mantiene informados a sus viajeros; y eso es lo que hace nuestro buen Padre.

Desde ahora y hasta el final de esta era podemos esperar una inestabilidad grave; no obstante, llegaremos sanos y salvos.

Quizás te sientas un poco receloso en cuanto a este tema. Los estudios de los últimos tiempos te han dejado confundido, tal vez desconfiado. Lo comprendo, pues la profecía es para la Biblia lo que el Serengueti es para África: vasto, inmenso e intimidante; un mundo de números y símbolos, osos y tigres. La mayoría de los estudiantes prefieren las calles conocidas y transitadas de la Escritura: las enseñanzas de Jesús, las doctrinas de Pablo, las biografías de los patriarcas. Muchos estudiantes de la Biblia se sienten intimidados ante la profecía.

No obstante, otros se apasionan por ella. Si la profecía bíblica es el Serengueti, a algunos cristianos les fascina la caza mayor; nunca abandonan el monte. Ellos encuentran profecías en cada página, simbolismos en cada historia y pistas en cada versículo. Si bien pueden ser una gran fuente de ayuda, también pueden ser obstinadamente testarudos. Los expertos proféticos son propensos a sentirse muy confiados; caminan con el pavoneo de un cazador. Al parecer siempre saben (y disfrutan saber) lo que otros desconocen.

En algún punto medio entre estas dos posiciones se encuentra la postura saludable, y es la de esos creyentes que evitan tanto la ignorancia absoluta como la arrogancia total, y que procuran lo que Dios quiere: una confianza profunda en que nuestro mañana está en las manos de nuestro Señor. El propósito de la profecía es dotar a los santos de un sentido de la soberanía de Dios. Como escribió Pablo: «En cambio, el que profetiza fortalece a otros, los anima y los consuela» (1 Co 14:3, NTV). La profecía nos dispone para afrontar el futuro con fe.

Hace quinientos años los marineros le temían al horizonte; pensaban que, si navegaban demasiado lejos, corrían el riesgo de caerse por el borde. La sabiduría popular de los antiguos advertía contra lo invisible; por ejemplo, el monumento en el estrecho de Gibraltar, donde los españoles dominaban ambos lados del estrecho. En su margen más angosto, donde África puede divisar a Europa, erigieron la Columna de Hércules, un enorme hito en cuya piedra escribieron en latín la consigna de tres palabras *Ne plus ultra,* «No más allá».

Sin embargo, luego vino Colón y el viaje de 1492. El descubrimiento del nuevo mundo abrió las puertas occidentales de España; y tomaron aquella frase latina «No más allá», le quitaron la primera palabra e imprimieron esta consigna en sus monedas: «Más allá».[16]

Quita el «no» de tu futuro. Abre tu corazón y tu vida a las grandes promesas. Fuiste creado para explorar lo que sucederá después. Todo gira en torno a la esperanza. Todo gira en torno a él.

Asegurémonos de estar preparados.

PARTE 1

Cuatro ideas principales

LOS BILLETES DEL «VUELO A NINGUNA PARTE» se agotaron en diez minutos. La aerolínea Qantas informó que era el vuelo que más rápido se había vendido en la historia de la compañía. Los asientos baratos costaban 575 dólares, y 2675 los de primera clase. ¿Qué obtuvieron los pasajeros por ese dinero? Sobrevolaron Australia durante siete horas y aterrizaron en el mismo lugar desde donde partieron.[1]

Esto hay que atribuirlo a la COVID-19; la gente estaba cansada de quedarse en casa. En respuesta a meses de no ir a ninguna parte, desembolsaron cientos de dólares para... bueno, no ir a ninguna parte.

Perdona mi franqueza, pero yo me quedo con el dinero en el bolsillo y los pies en el suelo. ¿Volar en círculos? No, gracias. ¿Volar hacia un destino? Eso es mejor... y es una idea bíblica.

En las páginas de la Escritura, esta promesa es esencial: acabamos en un lugar mejor que donde empezamos. Sobrevivimos a las etapas invernales de la vida porque creemos que nos espera una gloriosa primavera.

Cuatro convicciones sustentan esta promesa. Aparecen en el primer capítulo del primer libro de la Biblia y se extienden por toda la Escritura hasta la última página del último libro.

- Fuimos creados para reinar.
- Dios ha hecho sus promesas y las cumplirá.

- El cielo sigue una línea de tiempo.
- A los hijos de Dios les espera una era dorada, el milenio.

> Sobrevivimos a las etapas invernales de la vida porque creemos que nos espera una gloriosa primavera.

Son cuatro ideas principales que sirven como fundamento en el debate de lo que está por suceder. Considéralas como las grandes rocas en la estructura del fin de los tiempos, alrededor de las cuales se asientan los guijarros más pequeños.

La mayoría de nosotros estamos familiarizados con muchas de esas piedras más pequeñas. Cuando pensamos en el fin de los tiempos, nos vienen a la mente varias imágenes e ideas concretas: los siete años de caos llamados la tribulación; la crueldad y el carisma del anticristo; el asombroso espectáculo de la batalla de Armagedón, ese enfrentamiento final largamente prometido y temido. Estos son los puntos de la trama que hacen que los debates sobre el fin de los tiempos sean tan emocionantes; temibles como el colmillo de una serpiente y explosivos como la pirotecnia en las celebraciones del Día de la Independencia.

Vamos a explorar esos puntos, te lo prometo. Trataremos los grandes acontecimientos y responderemos a las grandes preguntas.

Pero empecemos con estas cuatro ideas, estos cuatro pilares. Nos darán una base sólida para entender los planes que tiene Dios para el futuro. ¿Volaremos en círculos? No. Nos dirigimos a un lugar mucho mejor que donde empezamos.

CAPÍTULO 2

Todo apunta al reinado

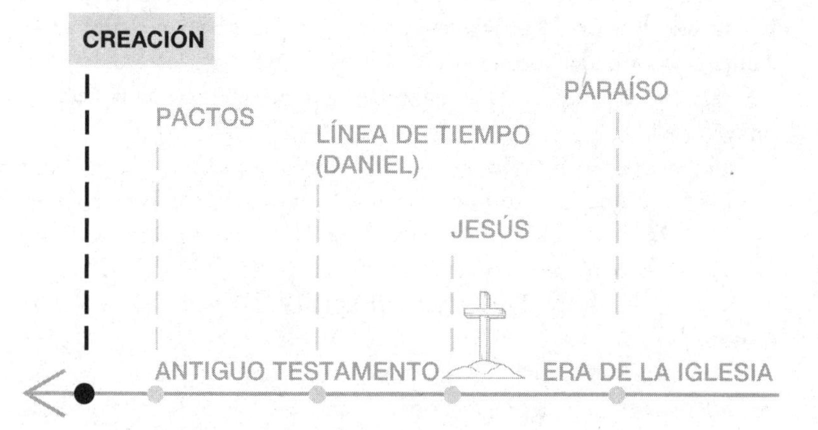

NADIE TIENE MAYORES SUEÑOS para ti que Dios. La mentira más insidiosa de la historia de la humanidad es aquella que afirma: «Dios está contra ti». Nada más lejos de la realidad. Aquel que concibió la idea de crearte tiene planes para tu futuro que van más allá de este mundo.

Los reveló en el huerto más famoso de la historia, el huerto del Edén. ¿Quieres saber lo que sucederá después? Piensa en lo que ocurrió antes. Los designios de Dios para ti y para mí se desvelaron en las primeras páginas de la Escritura. La escatología, el

> Los designios de Dios para ti y para mí se desvelaron en las primeras páginas de la Escritura.

estudio de las cosas finales, comienza con la protología, el estudio de las primeras cosas.

Tu destino: El Edén hecho realidad

Nuestra historia comienza así: «Entonces Dios dijo: "Hagamos a los seres humanos a nuestra imagen, para que sean como nosotros. Ellos reinarán sobre los peces del mar, las aves del cielo, los animales domésticos, todos los animales salvajes de la tierra y los animales pequeños que corren por el suelo"» (Gn 1:26, NTV).

A estas alturas, Dios ya había creado muchas cosas. Las estrellas brillaban por la noche y las nubes flotaban en el cielo durante el día. La fragancia de las flores y la música de los pájaros hacían el aire agradable. Los animales recorrían los valles y dormían en los árboles. Sin embargo, la creación, aunque magnífica y poderosa, no estaba hecha a imagen de Dios.

Ese privilegio lo tuvieron las personas, como tú y como yo. Dios nos hizo a su imagen. No lo hizo con los ángeles, ni con los elefantes, ni con las medusas, ni con mi perro, Andy. Solo con las personas.

¿Quieres ver cómo sucedió?

«Luego el SEÑOR Dios formó al hombre del polvo de la tierra» (Gn 2:7, NTV).

Señoras, ¿se han preguntado por qué los hombres podemos ser tan desordenados? Es sencillo, ¡estamos hechos de polvo! Dios dio forma al torso de Adán con la tierra del huerto. Después hizo las dos piernas, redondeó la cabeza y formó la nariz. La misma mano que lanzó las estrellas al cielo y excavó el suelo del océano dio forma a la primera persona.

Luego, en un acto que debió dejar boquiabiertos a los ángeles, «sopló aliento de vida en la nariz del hombre, y el hombre se convirtió en un ser viviente» (Gn 2:7, NTV).

Dios exhaló y Adán inhaló; y por primera vez, en lo que serían infinidad de ocasiones semejantes, los pulmones se llenaron y se vaciaron. Adán tenía vida. En realidad, tenía más que oxígeno en su interior, tenía el aliento de Dios. Debe haber sido una creación asombrosa. No estaba corrompido por la codicia ni por el odio, ni contaminado por la culpa. No conocía el miedo.

Adán era perfecto. Tan perfecto, en verdad, que Dios le asignó un trabajo. «El Señor Dios puso al hombre en el jardín de Edén para que se ocupara de él y lo custodiara» (Gn 2:15, NTV).

Dios encargó a Adán que cuidara de la creación, y le proporcionó una compañera para ayudarlo. Qué placentero es leer la declaración de Dios: «No es bueno que el hombre esté solo» (Gn 2:18, NTV).

Por primera vez Dios utilizó la frase «no es bueno». Cuando vio la luz, era buena. Cuando vio la tierra, era buena. Las plantas, los árboles, el día, la noche, ¡todo era bueno!

Sin embargo, ¿Adán solo? ¿Sin compañía? ¿Sin compañera? «No es bueno». Así que Dios llevó animales y aves ante Adán «para ver cómo [Adán] los llamaría [...]; pero aún no había una ayuda ideal para él» (Gn 2:19-20, NTV).

Adán ejerció su papel de supervisor y asignó un nombre a cada criatura. Llamó hipopótamo al hipopótamo, rinoceronte al rinoceronte y mosquito al mosquito. No obstante, el hombre no pudo encontrar «una ayuda ideal para él» (v. 20, NTV).

Y, señores, ¿acaso no nos alegramos? ¿Y si hubiera elegido como nuestro ayudante a un jabalí? Sin embargo, Dios tenía un regalo especial para Adán:

> Entonces el Señor Dios hizo que el hombre cayera en un profundo sueño. Mientras el hombre dormía, el Señor Dios le sacó una de sus costillas y cerró la abertura.
>
> Entonces el Señor Dios hizo de la costilla a una mujer, y la presentó al hombre.
>
> «¡Al fin! —exclamó el hombre—.
> ¡Esta es hueso de mis huesos
> y carne de mi carne!
> Ella será llamada "mujer"
> porque fue tomada del hombre».
>
> Esto explica por qué el hombre deja a su padre y a su madre, y se une a su esposa, y los dos se convierten en uno solo. (Gn 2:21-24, NTV)

Dios durmió a Adán (y santificó así, para siempre, el acto de tomar una buena siesta), extrajo una costilla de su costado y creó a la compañera perfecta. Eva, como el hueso del que Dios la formó, fue creada para permanecer lo más cerca posible del corazón de Adán. La vida era buena.

> Y Dios declaró: «Ellos reinarán sobre los peces del mar, las aves del cielo, los animales domésticos, todos los animales salvajes de la tierra y los animales pequeños que corren por el suelo». (Gn 1:26, NTV)

Cuántas palabras para destacar. ¿Por dónde comienzo? Quizá con el pronombre «ellos». «*Ellos...*» (énfasis añadido). El hombre y la mujer serían compañeros. Dios los amaría por igual. Ambos habían sido hechos a imagen de Dios.

Juntos «*reinarán* sobre los peces [...] las aves [...] los animales domésticos...» (énfasis añadido).

Reinarían sobre la creación, serían corregentes con Dios.

Sin embargo, algo ocurrió. ¿Acaso supervisamos el mar? ¿Dominamos el ganado? ¿Tenemos control sobre la creación? Por supuesto que no. Los peces no nos obedecen, apenas conseguimos atraparlos con un anzuelo; y algunos animales preferirían comernos antes que someterse a nosotros. Estamos de acuerdo con el escritor del Nuevo Testamento que señaló: «Cuando Dios les dio [a Adán y Eva] autoridad sobre todo, nada quedó excluido. No obstante, aún no observamos que eso se cumpla, no notamos todas las cosas bajo el dominio humano» (He 2:8, MSG).

Efectivamente, no lo vemos. En lugar de gobernar el mundo, nos sentimos gobernados por el mundo. Vemos que la creación se encuentra en un estado de corrupción, erupción y contaminación. Olas de calor, incendios forestales, huracanes, terremotos, hambrunas. «Toda la creación todavía gime a una, como si tuviera dolores de parto» (Ro 8:22, NVI). Algo va mal. Es más, no vemos que el hombre y la mujer se comporten como compañeros, sino que a menudo actúan como rivales.

¿Qué ha ocurrido?

Ocurrió el pecado, la rebelión. Satanás apareció. Se manifestó la codicia. Un villano se infiltró en el huerto. Convenció a la pareja de que el resplandeciente y abundante huerto era inadecuado. El Edén no era suficiente para ellos. Querían ser como Dios. Y Dios, que sabe lo que es mejor para la creación, dijo: «No». Suspendió temporalmente el plan del huerto del Edén, pero no lo canceló. No renunció a él.

Ciertamente no nos abandonó. Todo lo contrario.

La decisión de Dios: recuperar el Edén

Dios puso en marcha un plan de redención que incluye promesas, profetas y milagros. Hizo un pacto con Abraham. Levantó a José en Egipto. Dio valor a David y fuerza a Ester.

Sin embargo, aun así, el pueblo pecó. La maldición del egocentrismo resultaba ineludible. Adán pecó primero, y todos hemos pecado desde entonces. Se necesitaba un hombre perfecto y un sacrificio perfecto para vencerla.

Entonces viene Jesucristo.

La Escritura lo llama el último Adán (1 Co 15:45-49). Ambos tenían mucho en común. Al igual que Adán, Jesús no tenía un padre terrenal. Así como Adán, Jesús recibió autoridad sobre la creación. Tal como Adán, Jesús fue tentado. A diferencia de Adán, Jesús nunca pecó.

Podemos agradecer al apóstol Pablo por el conciso resumen que hace al respecto.

> En pocas palabras: así como una persona hizo mal y nos involucró en todo este problema con el pecado y la muerte, otra persona hizo bien y nos sacó de él. Más que sacarnos del problema, ¡nos dio vida! Un hombre rechazó a Dios y situó a muchas personas en el mal; en cambio, un hombre aceptó a Dios y las situó en el bien. (Ro 5:18-19, MSG)

Jesús tuvo éxito donde Adán fracasó. Hizo por nosotros lo que los rescatistas hicieron por un grupo de niños perdidos en la selva amazónica.

El 1 de mayo de 2023, un pequeño avión con siete pasajeros se estrelló en uno de los lugares más remotos del mundo: la selva amazónica. El Cessna volaba desde un pequeño pueblo hacia otro un poco más grande, a cientos de kilómetros al sur de Bogotá (Colombia).

Al parecer, la hélice del avión monomotor falló en pleno vuelo, lo que hizo que chocara con la densa copa de los árboles y luego cayera al suelo de la selva. Se dio por muertos a los siete pasajeros. Las probabilidades de supervivencia eran mínimas. La zona de la búsqueda abarcaba 160 km (100 millas) de largo y 32 km (20 millas) de ancho.

Las fuerzas especiales colombianas tardaron más de dos semanas en localizar el lugar del accidente. Cuando llegaron, se entristecieron al descubrir que tres de los siete pasajeros habían perecido en el impacto, pero quedaron sorprendidos al comprobar que los otros cuatro, todos niños, hermanos de edades comprendidas entre los trece años y los once meses, no aparecían por ninguna parte. No estaban ni a bordo ni en los alrededores del avión siniestrado.

Colombia intensificó los esfuerzos para rescatarlos. El gobierno envió 150 soldados, cuarenta voluntarios y algunos perros de rastreo. Se encontraron algunas pistas que mantuvieron viva la esperanza: un biberón por aquí, pequeñas huellas por allá, pañales usados. Los niños se habían criado cerca de la selva. Los más grandes sabían qué plantas y qué insectos debían evitar. Aun así, solo eran niños. ¿Cómo podían seguir vivos?

Los días se convirtieron en semanas y creció la desesperación. Los equipos de rescate lanzaron a la selva cajas de comida, agua e incluso silbatos, con la esperanza de ayudar a mantener vivos a los niños. No obstante, cada jornada terminaba en frustración. Luego de más de un mes de esfuerzos, el equipo de búsqueda comenzó a preguntarse si los niños estarían eludiendo la ayuda a propósito.

Resultó que era así.

Más de una vez, los rescatadores estuvieron a menos de quince metros de los niños. Sin embargo, al no saber si los hombres venían a hacerles daño o a ayudarlos, los chicos rechazaron a quienes eran su salvación.[1]

¿Podría ser esta historia una parábola para la humanidad?

El mensaje general de la Biblia es la incesante búsqueda que lleva a cabo Dios para rescatar a su familia. Lo que decretó en el cielo se declara a través de la creación. Él tendrá su huerto. Lo compartirá con sus hijos. Nuestros nombres están escritos en la gran historia de Dios.

Sin embargo, ¿cuál ha sido nuestra respuesta? Hemos opuesto resistencia a aquel que vino a salvarnos.

Así lo hicieron Adán y Eva. «Cuando escucharon que Dios paseaba por el jardín en la brisa de la tarde, el hombre y su mujer se escondieron entre los árboles del jardín, se ocultaron de Dios» (Gn 3:8, MSG).

¡Se ocultaron de Dios! Nosotros nos hemos estado ocultando desde entonces. Adán y Eva se cubrieron con hojas de higuera. Nosotros nos cubrimos con el trabajo y el estatus. Ellos se escondieron entre los árboles. Nosotros nos escondemos en el follaje de la negación, el orgullo y la vergüenza.

Dios, que nunca se desalienta, los buscó y les hizo una pregunta que ha resonado a través de los siglos.

«Entonces Dios llamó al hombre: —¿Dónde estás?» (Gn 3:9, MSG). No era una pregunta respecto a su localización. Dios sabía dónde estaban. Era una pregunta relativa al corazón. «¿Dónde estás respecto a mí? ¿Respecto a mi plan para tu vida?».

La pregunta auguraba una misión de rescate divina. Dios comenzó a enviar mensaje tras mensaje, milagro tras milagro, misericordia tras misericordia. Se sirvió de patriarcas, matriarcas, profetas y predicadores. No dudó en usar una ballena, una burra y una zarza ardiente cuando fue necesario para llamar nuestra atención.

Los colombianos mostraron una devoción similar. Idearon un plan. ¿Qué podría convencer a los niños para que salieran de su escondite? El equipo de rescate fue creativo. Llevaron altavoces a la selva y subieron su volumen para trasmitir un mensaje que pudiera oírse a más de un kilómetro y medio (1 milla) a la redonda. Y luego, un detalle clave, pusieron un mensaje grabado por la querida abuela de los hermanos. En él les decía: «Permanezcan en un sitio, el equipo de rescate está aquí para ayudarlos».

En el día cuarenta, se encontró a los cuatro niños. Habían enflaquecido. Estaban cubiertos de picaduras de insectos, débiles y, sobre todo, asustados. La voz de su abuela los hizo salir de las sombras.

Solo necesitaban una voz en la que confiar.

Nosotros también necesitábamos una voz así.

Entonces, en el mayor acto de amor del cielo, Dios se hizo humano. Jesucristo entró en nuestra selva de dolor y angustia; nos habló con una voz en la que podíamos confiar y expresó un mensaje al que no podíamos resistirnos: *He venido a sacarlos de aquí.*

No solo lo dijo, sino que murió por nosotros. Era necesario que lo hiciera. Recuerda, el huerto de Dios es perfecto. Sin embargo, los hijos de Dios son todo menos eso. Cuando Jesús murió en la cruz, murió nuestra muerte, pagó nuestro precio y tomó nuestro lugar. Él, que no tenía pecado, se hizo pecador para que a nosotros los pecadores se nos pudiera considerar sin pecado.

El sueño de Dios nunca ha cambiado. Ten en cuenta su invitación:

> ¡Mira! Yo estoy a la puerta y llamo. Si oyes mi voz y abres la puerta, yo entraré y cenaremos juntos como amigos. Todos los que salgan

> vencedores se sentarán conmigo en mi trono, tal como yo salí vencedor y me senté con mi Padre en su trono. (Ap 3:2021, NTV)

La historia de Dios concluye con un mundo perfecto donde tú, yo y todos sus hijos vivimos, gobernamos, cenamos y servimos con Él. En el libro final de la Biblia, se dirigen estas palabras a Jesús:

> Fuiste sacrificado,
> y con tu sangre compraste para Dios
> gente de toda tribu, lengua, pueblo y nación.
> De ellos hiciste un reino;
> los hiciste sacerdotes al servicio de nuestro Dios,
> y reinarán sobre la tierra.
>
> (Ap 5:9-10, NVI)

¡Ese eres tú! La última parada en tu itinerario celestial no solo implica el Edén, sino una posición de autoridad en el huerto. Tendrás autoridad junto con Dios sobre la creación.

Nuestra autoridad en la eternidad no es una cuestión menor en la Escritura. Se introduce en Génesis, se confirma en Apocalipsis (22:5), y muchos la abordan, ¡incluido el propio Jesús! El decreto de Dios de que reinaremos con él es un cumplimiento de su declaración en el huerto del Edén. Jesús compartirá su dominio con nosotros, sus coherederos.

Haz una pausa y asimila el significado de esa promesa. Reinarás con Cristo. Hoy en día se habla mucho de la imagen que tenemos de nosotros mismos y de nuestra identidad. A falta de una buena imagen de nosotros mismos, conducimos autos rápidos, nos hacemos liposucciones, nos unimos a pandillas o usamos vaqueros ajustados (o anchos).

Sin embargo, ¡qué mejor cura para una mala imagen de uno mismo que descubrir nuestro destino eterno! Dios nos está preparando para una misión divina. Jesús expresó: Yo mismo les concedo un reino, así como mi Padre me lo concedió a mí, para que coman y beban a mi mesa en mi reino y se sienten en tronos (Lc 22:29-30, NVI). Tú significas mucho para Dios. Su propósito y su plan para ti pueden comenzar en esta vida, pero no se realizarán plenamente hasta la vida venidera.

El mundo puede ser muy duro, y nos sentimos marginados y excluidos. La sociedad da mucha importancia a las personas ricas y bien parecidas. Muchos de nosotros no somos ni lo uno ni lo otro.

No estás en un callejón sin salida. Tu viaje no termina con el último latido de tu corazón.

Sin embargo, todos los sentimientos de insignificancia desaparecerán en el momento en que Jesús, el Rey Jesús, nos corone y nos comisione. ¿Cómo serviremos exactamente? ¿Dónde serviremos? ¿Cuándo empezará todo esto?

Vamos a desentrañar esas preguntas en los próximos capítulos. Por ahora, acepta la idea principal. Cree en el Dios que cree en ti.

No estás en un callejón sin salida. Tu viaje no termina con el último latido de tu corazón. Tu valía no se mide por el dinero que tienes en el banco, ni por los diplomas que cuelgas en tu pared, ni por los seguidores que tienes en tus redes sociales, ni por los amantes que duermen en tu cama, ni por los artilugios que hay en tu garaje, ni por los tatuajes que llevas en la piel. No estás aquí por las posesiones, ni por el poder ni por el prestigio.

La historia del Edén no es solo la historia de la primera persona, sino una imagen del plan que tiene Dios para cada persona. Lo que Dios hizo por Adán lo hizo por ti. Te formó, te insufló vida y te destinó a servirlo en un lugar perfecto. ¿Puedes escuchar a Jesús?: «Veo algo grande en ti. ¿Aceptarías mi destino para tu vida?».

Oro para que lo hagas.

Si nunca le has dicho que sí a Jesús, tómate un momento y hazlo. No es complicado. Jesús ha hecho el trabajo. Simplemente exprésale algo así:

Jesús:

No soy perfecto, porque he pecado.
Pero creo en ti. Sálvame, cámbiame, perdóname.
Te doy mi vida.

En el nombre de Jesús te lo pido, amén.[2]

CAPÍTULO 3

Pactos vinculantes

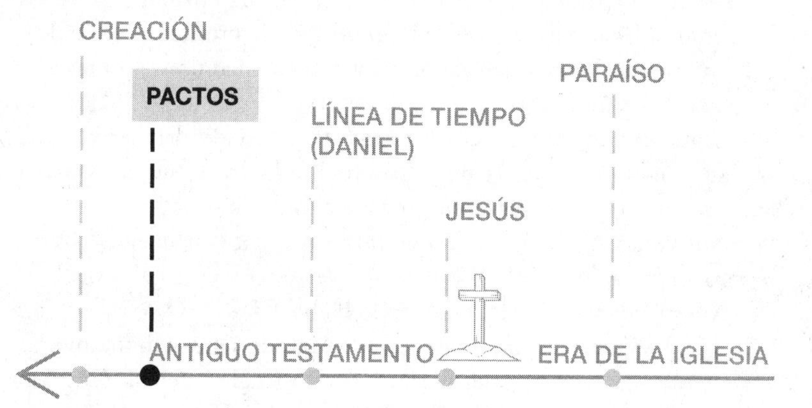

LAS VACACIONES FAMILIARES ERAN muy importantes para mi padre. Siempre consistían en un largo viaje por carretera que comenzaba en nuestra casa del oeste de Texas y terminaba en un campamento. Nuestros destinos favoritos eran Colorado y Nuevo México. Incluso fuimos hasta el parque nacional de Yellowstone y el Gran Cañón.

Mi padre empezaba a planificar el itinerario semanas antes de partir. No tenía internet ni GPS; planeaba sus viajes a la antigua usanza: él utilizaba un mapa.

Trazaba el recorrido con un rotulador fluorescente; señalaba los sitios de acampada y anotaba los números de las carreteras. Cuando ya tenía listo el plan, lo compartía con nosotros.

Mi hermano y yo éramos todavía pequeños. Teníamos menos de diez años y ninguna experiencia en las carreteras, así que papá se sentaba con nosotros a la mesa, nos enseñaba el mapa y nos contaba lo que podíamos esperar.

—Chicos, la semana que viene nos vamos al Gran Cañón.

—¡Qué bueno!

—Les contaré todo lo que haremos. Pescaremos truchas. Acamparemos en tiendas. Derretiremos malvaviscos. Descenderemos por rápidos.

Mi hermano y yo nos llenábamos de asombro. Teníamos motivos para sentirnos así. Cuando papá decía que haríamos algo, siempre lo hacíamos. Podíamos darlo por hecho.

Después de explicarnos la ruta, también nos contaba lo que experimentaríamos por el camino:

—Cuando pasemos por Nuevo México, va a hacer viento, y cuando lleguemos a las montañas, sentirán el cambio de presión en los oídos. Sabrán que casi hemos llegado al campamento cuando vean nieve en los picos de las montañas.

Como era de esperar, su pronóstico era acertado. El viento *sopló*. Nuestros oídos *sintieron* el cambio de presión. Los picos nevados *fueron* lo último que vimos antes de llegar a nuestro destino.

Nos contó sus planes y lo que nos esperaba. Los buenos padres hacen eso.

Nuestro Padre celestial también lo ha hecho.

¿Quieres saber lo que Dios tiene reservado para la humanidad? Comienza por el huerto del Edén. Nuestro final lo encontramos en el principio (como señalé en el capítulo anterior, Dios reveló nuestro destino en la creación), pero no te detengas ahí. Luego, familiarízate con sus pactos.

Un pacto es un contrato, un tratado, un acuerdo o una alianza entre dos partes. Obliga formalmente a ambas partes con consecuencias por romperlo o mantenerlo. El pacto puede ser mutuo o unilateral.

Nuestro Dios es un Dios que hace y cumple pactos, y no miente, no *puede* mentir. «Tus leyes soberanas no pueden ser modificadas» (Sal 93:5, NTV). No puede romper una promesa del mismo modo que ni tú ni yo podemos cruzar a nado el océano Pacífico.

> Dios no es un hombre; por lo tanto, no miente.
> Él no es humano; por lo tanto, no cambia de parecer.

> ¿Acaso alguna vez habló sin actuar?
> ¿Alguna vez prometió sin cumplir?
>
> (Nm 23:19, NTV)

Dios no es como nosotros. Cambiamos nuestras decisiones y reconsideramos nuestras opiniones. Somos propensos a hacer una promesa para luego romperla debido a circunstancias imprevistas. Dios no es así. Él ve el final de la historia. Sus decretos no son sus deseos para el futuro, son su descripción del futuro.

Él declaró:

> Yo soy DIOS, el único Dios que han tenido o
> que tendrán,
> incomparable, irremplazable,
> desde el mismo principio
> les he anunciado cuál será el fin,
> todo el tiempo les he hecho saber
> lo que sucederá,
> les aseguro: «Cumpliré todo mi propósito,
> haré exactamente lo que he determinado».
>
> (Is 46:9-10, MSG)

Los pactos de Dios son como el piloto automático de un avión. Hace algunos años decidí obtener una licencia de piloto. Mi esposa, Denalyn, protestó al conocer mi idea, pues me confundo de ruta al conducir, me desvío del camino cuando paseo por el barrio. Incluso puedo perderme entre el dormitorio y el cuarto de baño. ¿Qué podría hacer en un avión?

Intenté calmar sus temores y le describí una tecnología asombrosa, el piloto automático. Fijas el destino y el avión mantiene el rumbo. Se mueve de un punto de ruta al siguiente hasta que llega al final del viaje.

Lamentablemente nunca tuve la oportunidad de usar uno. Se fueron presentando complicaciones y tuve que dejar las clases. No obstante, el esfuerzo no fue un desperdicio total de tiempo. Encontré una forma maravillosa de ilustrar los pactos de Dios, pues él ha puesto la historia en piloto automático. Estamos en una trayectoria divina, una que se rige por sus promesas. Lo que Dios se ha propuesto hacer, lo hará.

De ahí que una pregunta fundamental sobre el fin de los tiempos

Dios ve el final de la historia. Sus decretos no son sus deseos para el futuro, son su descripción del futuro.

sea: «¿Qué se ha propuesto hacer Dios?». No cedas a la tentación de adelantarte a los debates más vibrantes sobre el fin de los tiempos: el arrebatamiento, la tribulación y el milenio. Lo que ocurra en los últimos días tendrá más sentido una vez que conozcas lo que Dios prometió en los primeros días. Podemos basarnos en los pactos vinculantes de Dios, que son las piedras fundamentales.

Veamos algunos de ellos. Hizo un pacto con Adán y Eva, un segundo pacto con Abraham y sus herederos, un tercer pacto con David y un pacto final con Jeremías.[1]

El pacto de Dios con Adán y Eva

> Entonces Dios dijo: «Hagamos a los seres humanos a nuestra imagen, para que sean como nosotros. Ellos reinarán sobre los peces del mar, las aves del cielo, los animales domésticos, todos los animales salvajes de la tierra y los animales pequeños que corren por el suelo». (Gn 1:26, NTV)

Dios declaró un dominio compartido. Legó a su primera pareja una misión: supervisarían, vigilarían y ejercerían autoridad sobre la tierra. Nuestros primeros padres recibieron la misión de estar a cargo de animales reales y peces reales en la tierra real en el mar real. El término hebreo traducido *reinar* significa «tener dominio» o «dominar».[2]

Adán y Eva cumplieron esta promesa, hasta que dejaron de hacerlo.

Su lealtad flaqueó, pero ¿se debilitó la lealtad de Dios? ¿Cambió de opinión? ¿Abandonó su plan? Nada en la Escritura indica un cambio en la estrategia divina. El pacto de Dios no se escribió con marcadores de pizarra que se borran fácilmente, sino mediante el dedo de Dios que lo grabó en piedra. Recuerda: «Lo que he dicho, haré que se cumpla» (Is 46:11, NVI).

Así como el itinerario de mi padre guio a su familia, de igual modo el pacto edénico de Dios nos conduce a un tiempo en el que los hijos perfeccionados de Dios reinarán sobre una tierra perfecta. Algún día declararemos estas palabras: «El Señor ha llevado a cabo sus planes; ha cumplido su palabra, que decretó hace mucho tiempo» (Lm 2:17, NVI).

Dios también hizo una promesa a Abraham y a los herederos de Abraham.

El pacto de Dios con Abraham

Dos palabras sirven de subtítulos para este pacto: *descendencia* y *tierra*.

En primer lugar, Dios prometió bendecir a la descendencia de Abraham (Abram) y bendecir al mundo a través de esa descendencia.

> El Señor le dijo a Abram: «Deja tu tierra, tus parientes,
> la casa de tu padre y ve a la tierra que te mostraré.
> »Haré de ti una nación grande
> y te bendeciré;
> haré famoso tu nombre
> y serás una bendición.
> Bendeciré a los que te bendigan
> y maldeciré a los que te maldigan;
> ¡por medio de ti serán bendecidas
> todas las familias de la tierra!».
>
> (Gn 12:1-3, NVI)

¿Por qué haría Dios semejante pacto con Israel? No se debió a algo que Israel pudiera ofrecer. Moisés se lo recordó en una ocasión: «No es que Dios se sintiera atraído hacia ti o que te escogiera porque eras un pueblo grande e importante. De hecho, no tenías casi nada. Lo hizo simplemente porque te ama. Así cumplió la promesa que hizo a tus antepasados» (Dt 7:7-8, MSG).

Dios eligió a Israel por la misma razón por la que nos eligió a ti y a mí: por gracia. Por gracia pura y soberana. No los amó más de lo que amó a otros pueblos de su tiempo. Simplemente los escogió para mostrar a todos su gracia; quería que las demás naciones lo vieran a través de Israel para que también lo eligieran como su Dios.

«Haré de ti una nación grande…». ¿No ha hecho Dios justamente eso? Han pasado más de tres milenios y medio desde la muerte de Abraham y, sin embargo, seguimos hablando de Israel. No podemos visitar las naciones de los babilonios, ni de los medos ni de los persas. Los imperios romano y griego han desaparecido, pero mi pasaporte lleva múltiples sellos de la nación de Israel.

Faraón intentó eliminarlos y fracasó. Amán trató de acabar con ellos y fracasó. Hitler se propuso exterminarlos y fracasó. Hoy en día, las naciones vecinas han jurado borrar a Israel del mapa y también fracasarán. Hay judíos rusos, judíos polacos, judíos estadounidenses, judíos franceses. Hay judíos en todo el mundo. Dios preserva su identidad única porque tiene planes para utilizarlos al final. Él ha bendecido a la descendencia de Abraham.

¿Y acaso no ha bendecido Dios al mundo a través del linaje de Abraham? Gracias a su descendencia, tenemos a los profetas Isaías, Ezequiel y Daniel. Tenemos al rey David y sus salmos. Existe Jerusalén y su historia. Sin embargo, lo más importante es que tenemos un Salvador, Jesucristo. Tenemos su Palabra, su iglesia y la bendita esperanza de su regreso.

Dios cumplió su promesa respecto a la descendencia. Entonces, ¿no podemos esperar que cumpla también la promesa de la tierra?

> En aquel día el Señor hizo un pacto con Abram. Le dijo:
>
> —A tus descendientes daré esta tierra, desde el río de Egipto hasta el gran río, el Éufrates. Me refiero a la tierra de los quenitas, los quenizitas, los cadmoneos, los hititas, los ferezeos, los refaítas, los amorreos, los cananeos, los gergeseos y los jebuseos. (Gn 15:18-21, NVI)

Israel es la única nación en la historia a la que Dios le ha dado tierra. Esta promesa respecto a la tierra vino acompañada de límites geográficos definidos. Abarca todo el territorio desde el mar Mediterráneo en la frontera occidental hasta el río Éufrates en la oriental. El límite norte se extiende 160 km (100 millas) al norte de Damasco (Ez 47:15-20) y el límite sur está a unos 160 km (100 millas) al sur de Jerusalén.[3] Este pacto sobre la tierra incluye el actual Israel, así como partes de Egipto, Siria, Líbano e Irak.[4]

Dios ratificó este pacto mediante el sacrificio ceremonial de animales. En la antigüedad, las dos partes de un acuerdo cortaban un animal por la mitad y caminaban entre las dos mitades. Fue un momento sumamente dramático cuando «puesto el sol, y ya oscurecido, se veía un horno humeando, y una antorcha de fuego que pasaba por entre los animales divididos. En aquel día hizo Jehová un pacto con Abram, diciendo: A tu descendencia daré esta tierra» (Gn 15:17-18, RVR1960).

Es de notar que Abraham no hizo lo mismo. El patriarca nunca caminó entre las mitades de los animales divididos. Este fue un acuerdo unilateral que Dios hizo para Abraham y su descendencia. El pacto no es de obligatorio cumplimiento para Abraham. En otra parte Dios aseguró: «¡Igual de improbable es que anule las leyes de la naturaleza como que rechace a mi pueblo Israel!» (Jr 31:36, NTV).

¿Ha cumplido Dios este pacto respecto a la tierra? No del todo. Se ha bendecido a la descendencia, pero la tierra aún no se ha dado por completo.

¿Cumplirá Dios esta promesa? Por supuesto que sí, debe cumplirla. Lo que expresa Charles Swindoll sobre este punto es categórico: «¿Por qué la restauración de Israel es tan importante? ¡Lo es porque está en juego la reputación misma de Dios como cumplidor de promesas! [...]. Es así de sencillo: si no podemos confiar en que Dios cumplirá sus promesas a Israel, ¿cómo podemos confiar en que cumplirá las promesas que nos ha hecho a nosotros? Nunca lo dudes: Dios hará lo que dice que hará».[5]

¡Amén!

También cumplirá una promesa que le hizo al segundo rey más famoso de Israel.

El pacto de Dios con David

«Y será afirmada tu casa y tu reino para siempre delante de tu rostro, y tu trono será estable eternamente» (2 S 7:16, RVR1960).

Dios declaró que alguien de la casa de David se sentaría en el trono de David y gobernaría su reino para siempre. Unos mil años después, el ángel Gabriel mencionó este pacto a una joven hebrea llamada María: «Este será grande, y será llamado Hijo del Altísimo; y el Señor Dios le dará el trono de David su padre; y reinará sobre la casa de Jacob para siempre, y su reino no tendrá fin» (Lc 1:32-33, RVR1960).

La promesa estaba clara:

- Un gobernante futuro (Jesús) será llamado «Hijo del Altísimo».
- Su trono pasará a través de Salomón a los descendientes de David.
- El Rey en el trono gobernará sobre la nación de Israel.

Para que esto ocurra, Israel debe existir como nación (sí existe). El descendiente de David debe estar vivo (lo está). Jesucristo debe regresar a la tierra (lo hará); y debe sentarse corporal y literalmente en el trono de David y reinar sobre Israel.

El plan de Dios para el fin incluye el cumplimiento de esta promesa a David. En algún momento en el futuro, Jesús, el «Hijo del Altísimo» reinará sobre Israel desde el trono de David en Jerusalén.

El pacto de Dios con Jeremías

«Vienen días»,
afirma el Señor,
«en que haré un nuevo pacto
con Israel y con Judá [...].

Pondré mi ley en su mente
y la escribiré en su corazón.
Yo seré su Dios
y ellos serán mi pueblo.
Ya nadie tendrá que enseñar a su prójimo;
tampoco dirá nadie a su hermano:
"¡Conoce al Señor!",
porque todos, desde el más pequeño
hasta el más grande,
me conocerán»,
afirma el Señor.
«Porque yo les perdonaré su iniquidad
y nunca más me acordaré de sus
pecados».

(Jr 31:31, 33-34, NVI)

Un cristiano podría leer estas palabras y concluir que Dios ya ha cumplido esa promesa, pues ha puesto sus instrucciones muy dentro de nosotros y su nombre está escrito en nuestro corazón. Él es nuestro Dios, somos su pueblo. Ha perdonado nuestra maldad y nunca se acordará de nuestros pecados. ¡Aleluya! ¡Este pacto se ha cumplido!

¿O no se ha cumplido? Piénsalo de nuevo. ¿Quiénes son las dos partes de este acuerdo? Una es Dios. Y Dios hizo un pacto unilateral e incondicional, no con la iglesia sino con Israel. «Vienen días —afirma el Señor— en que haré un nuevo pacto *con Israel y con Judá*» (Jr 31:31, NVI, énfasis añadido).

En una profecía paralela, Dios expresó:

> Los sacaré de entre las naciones [...] y los haré regresar a su propia tierra. [...] Les daré un nuevo corazón y derramaré un espíritu nuevo entre ustedes [...]. Infundiré mi Espíritu en ustedes y haré que sigan mis estatutos y obedezcan mis leyes. Vivirán en la tierra que les di a sus antepasados; ustedes serán mi pueblo y yo seré su Dios. (Ez 36:24, 26-28, NVI)

¡Qué pacto tan impresionante, sorprendente y convincente! Prevé el retorno y el renacimiento de los judíos. Se reasentarán en su patria y reavivarán su lealtad al Dios de Abraham.

A modo de recordatorio, la reunificación ya está en pleno apogeo. Desde 1948, más de tres millones de judíos han hecho *aliyá*, es decir, se han trasladado a la patria histórica del pueblo de Israel.[6] Se prevé que la población de esa nación alcance los veinte millones en 2065.[7]

No obstante, ¿qué hay del renacimiento espiritual? Ya está en camino. En próximos capítulos hablaremos de los 144 000 evangelistas judíos que saldrán al mundo y darán lugar a una «gran multitud, la cual nadie podía contar, de todas naciones y tribus y pueblos y lenguas, que estaban delante del trono y en la presencia del Cordero, vestidos de ropas blancas, y con palmas en las manos; y clamaban a gran voz, diciendo: La salvación pertenece a nuestro Dios que está sentado en el trono, y al Cordero» (Ap 7:9-10, RVR1960).

Nuestra visión del fin de los tiempos estaría incompleta si no incluyera esta migración de judíos a su tierra natal y el reavivamiento de ellos respecto a su Mesías.

Recapitulemos. Los pactos de Dios incluyen las siguientes promesas.

- A Adán y Eva: reinar y gobernar.
- A Abraham: la descendencia y la tierra.
- A David: un trono y un Rey para siempre.
- A Jeremías: el retorno y el renacimiento de los judíos.

Ten la seguridad de que Dios está obrando. Sus planes avanzan al

Ten la seguridad de que Dios está obrando. Sus planes avanzan al ritmo adecuado, en los lugares correctos y según su voluntad.

ritmo adecuado, en los lugares correctos y según su voluntad. Lo que ha dicho que hará, lo hará. Mientras tanto, aférrate a estas grandes y preciosas promesas. Son los principios que rigen el curso de la historia.

Cuando nuestras hijas eran pequeñas, seguí el ejemplo de mi padre e hicimos muchos viajes por carretera. A Denalyn y a mí, como a casi todos los padres, nos gustaba evitar las horas de tráfico intenso y partíamos antes de que saliera el sol.

La noche anterior al viaje, les explicaba a mis hijas lo que iba a ocurrir. «Dormirán en su cama. Pero mañana temprano, mientras todavía estén dormidas, las llevaré al auto, las cubriré con una manta y les abrocharé el cinturón de seguridad. Cuando despierten, estaremos en la carretera».

Les explicaba de antemano lo que ocurriría. Por lo tanto, cuando ocurría, no se asustaban. Al despertarse y ver lo que les rodeaba, no gritaban: «¡Me han secuestrado!».

Todo lo contrario, se relajaban y observaban las vistas del camino. Su padre les había explicado qué podían esperar.

Nuestro Padre ha hecho lo mismo, y como sus promesas se están cumpliendo, no hay motivo para temer. Podemos relajarnos al saber que él está al timón.

CAPÍTULO 4

El plan de Dios para la eternidad

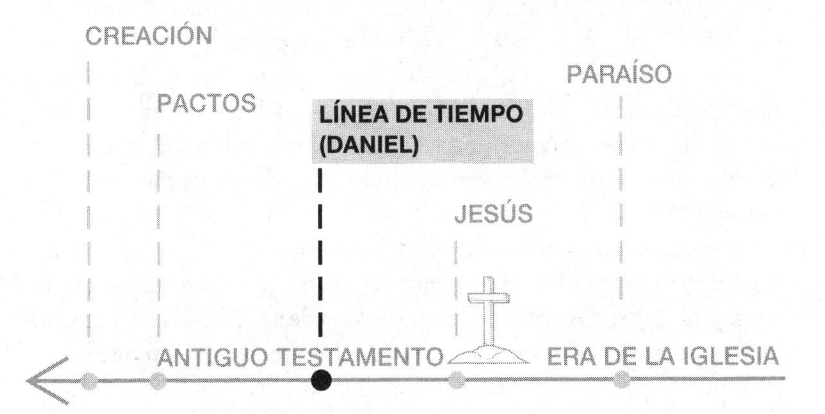

ME GUSTARÍA ESTRECHAR LA mano de la persona que puso el pequeño avioncito dentro del avión grande. ¿Quizás lo has visto? Tal vez te ha pasado lo que a mí. Te has dormido en un vuelo y al despertar te has preguntado: «¿En qué parte del mundo estamos?». «¿Cuánto falta para aterrizar?». «¿Hasta dónde hemos llegado?».

Durante gran parte de mi vida de viajero, no obtenía respuesta. Podía preguntarles a los auxiliares de vuelo, pero parecían ocupados. Podía mirar por la ventanilla y buscar puntos de referencia, pero el cielo normalmente estaba oscuro o nublado, o estábamos demasiado alto para poder notar algo. Podía preguntarle al piloto, pero es sabido que los pasajeros que llaman a la puerta de la cabina se meten en problemas.

Entonces llegó el pequeño avioncito dentro del avión grande. Puedes mirar la pantalla del asiento frente a ti y ver una línea de puntos que empieza en la ciudad de origen y termina en la de destino, y allí, en algún lugar de la ruta, está la réplica diminuta de tu vuelo.

«¡Magnífico!», te dices a ti mismo. «Aquí estamos, vamos bien».

O: «Todavía nos queda mucho camino por recorrer».

O: «Estamos sobrevolando los Alpes».

La historia no es una sucesión interminable de círculos sin sentido, sino un movimiento ordenado y planificado hacia el objetivo eterno de Dios.

Es más, una vez miré atentamente la imagen y divisé una ventanilla del minúsculo avión ¡y me vi a mí mismo! ¡Tenía una mancha en la camisa!

Doy gracias por el pequeño avioncito dentro del avión grande.

¿Sabías que Dios nos ha dado algo parecido? Específicamente, nos ha dado una línea de tiempo. La historia no es una sucesión interminable de círculos sin sentido, sino un movimiento ordenado y planificado hacia el objetivo eterno de Dios.

Una de las primeras referencias a la línea de tiempo aparece en Daniel 9, durante una sorprendente conversación entre el profeta de Dios y el ángel Gabriel. Es común considerar esta visión como la columna vertebral de la profecía bíblica. La predicción, aunque poderosa, puede parecer complicada y requiere un examen cuidadoso. No obstante, el esfuerzo vale la pena. Si estás dispuesto a profundizar en el tema, manos a la obra.

En el momento que Daniel tuvo esa visión, llevaba casi setenta años desterrado en Babilonia. Era apenas un muchacho hebreo cuando se lo llevaron cautivo de Jerusalén en el año 605 a. C. Hacia el final de su vida, Daniel pidió a Dios que perdonara al pueblo judío y lo hiciera volver a su patria. «Yo seguí orando y confesando mi pecado y el pecado de mi pueblo, rogándole al Señor mi Dios por Jerusalén, su monte santo. Mientras oraba, Gabriel [...] se me acercó» (Dn 9:20-21, NTV).

Gabriel, el mismo ángel que anunció la llegada de Juan el Bautista y de Jesucristo unos quinientos años después, le habló a Daniel en Babilonia y le comunicó tres profecías.

Los judíos serán bendecidos

> Un período de setenta conjuntos de siete [490 años] se ha decretado para tu pueblo y tu ciudad santa para poner fin a su rebelión, para terminar con su pecado, para obtener perdón por su culpa, para traer justicia eterna, para confirmar la visión profética y para ungir el Lugar Santísimo. (Dn 9:24, NTV)

Gabriel le trasmitió a Daniel información privilegiada sobre algo que ocurriría al final de los setenta conjuntos de siete (490 años). Limitó esta profecía a «tu pueblo y tu ciudad santa», lo que significa que, a Daniel, que era judío, se le comunicó la situación futura de la ciudad capital y de su familia. Luego de 490 años el pueblo judío:

- dejaría de rebelarse contra Dios,
- pondría fin a su pecado,
- obtendría perdón por su culpa,
- daría la bienvenida a la justicia eterna y
- ungiría el Lugar Santísimo (un templo).

¿Se han cumplido estos decretos? ¿Se alejan los judíos del pecado? ¿Se ha vuelto a ungir el templo de Jerusalén? No, no y no. Estos sucesos todavía no han ocurrido. A todas luces, el ángel estaba describiendo una era grandiosa en el futuro.

¿Cuándo comenzaría este período? Al concluir *un total* de 490 años. Justo en el momento en que sacamos nuestras calculadoras y calendarios para contar 490 años desde el día de la oración de Daniel, Gabriel reveló la segunda profecía.

El Mesías está en camino

> Pasarán siete conjuntos de siete [49 años] más sesenta y dos conjuntos de siete [434 años] desde el momento en que se dé la orden de reconstruir Jerusalén hasta que venga un gobernante, el Ungido. (Dn 9:25, NTV)

El término hebreo que se traduce como «un gobernante, el Ungido» significa *Mesías*. Gabriel hablaba de Jesús, ¡el Cristo! Este fue un anuncio espectacular. El ángel mencionó dos períodos de tiempo (49 años y 434 años) para un total de 483 años.

Hay un problema, Max, pensé que Gabriel estaba hablando de 490 años. ¿Qué hay de los siete años restantes?

Magnífica pregunta. La responderemos pronto.

¿Cuándo comienza la cuenta regresiva para los 483 años? Comienza con la orden de reconstruir Jerusalén. Específicamente: «Jerusalén será reconstruida con calles y fuertes defensas, a pesar de los tiempos peligrosos» (v. 25, NTV). ¿Cuándo se dio la orden de reconstruir la capital? ¿Y cuándo se reconstruyó la ciudad «con calles y fuertes defensas, a pesar de los tiempos peligrosos»? ¿Qué tan rápido puedes pasar las páginas de tu Biblia para llegar al Libro de Nehemías?

Nehemías era parte de los desterrados. Fue un gobernante judío de alto rango que vivió unos 130 años después que Daniel recibiera esta profecía. Pidió permiso al rey Artajerjes para reconstruir Jerusalén, y este accedió y financió el proyecto. Según Nehemías 2:1, la orden se dio en abril del año 444 a. C.

¡Tenemos un punto de partida! Haz correr el calendario 483 años hacia delante a partir de 444 a. C. ¿A qué momento de la historia llegas?

Esta pregunta se convirtió en una obsesión para Sir Robert Anderson, un abogado inglés al que le apasionaba el estudio del Libro de Daniel. Hacia finales de 1800 llegó a ser jefe de Scotland Yard. Anderson se propuso determinar la fecha a la que conducían estos 483 años. La tarea fue más difícil de lo que uno podría imaginar, pues el calendario hebreo no es como el nuestro: tiene 360 días en lugar de 365 y meses bisiestos en lugar de años bisiestos. Además, la transición de a. C. a d. C. resultaba complicada. Aun así, sus cálculos lo condujeron a un hallazgo muy importante.[1]

Anderson determinó que el año 483 se cumplió durante la Pascua del 33 d. C., concretamente el 6 de abril, el mismo año y día en que Jesús entró en Jerusalén montado en un burrito.[2] Nuestro Salvador cumplió una profecía que se había hecho 483 años atrás.[3]

No es de extrañar que las multitudes salieran en tropel a recibir a Jesús con ramas de palmera. Habían leído la profecía de Daniel;* sabían

---

* Consulta el Material adicional, p. 196, para más información sobre la profecía de Daniel.

que vivían en los días de la promesa cumplida. El aire estaba lleno de una expectación mesiánica.

El pronóstico de Gabriel fue tan preciso que Jesús tuvo palabras muy duras para los que no lo comprendieron. «Cuando se acercó, al ver la ciudad, lloró sobre ella, diciendo: ¡Si tú también hubieras sabido en *este día* lo que conduce a la paz! Pero ahora está oculto a tus ojos. [...] no conociste *el tiempo* de tu visitación» (Lc 19:41, 42, 44, LBLA, énfasis añadido).

Jesús criticó a sus oponentes, pues ellos debían esperar el «día» y el «tiempo», y sin embargo no prestaron atención a lo que ocurría. Antes, con 483 años de antelación, había enviado un ángel a su amado profeta Daniel para anunciar la fecha de su llegada. Sin embargo, «los suyos no lo recibieron» (Jn 1:11, NVI). Se negaron a reconocerlo como su Mesías. En lugar de coronarlo como rey, lo mataron como a un criminal.

Gabriel le comunicó a Daniel que esto sucedería. Recuerdas que el ángel le habló de dos períodos de tiempo (49 años y 434 años), pues se necesitaron cuarenta y nueve años para reconstruir Jerusalén. ¿Y qué hay de los 434 años?

«Después de este período de sesenta y dos conjuntos de siete [434 años], matarán al Ungido sin que parezca haber logrado nada» (Dn 9:26, NTV). Tal como se dijo en el presagio de Gabriel, Jesús fue asesinado. Parecía no haber logrado nada, sin seguidores, ni reino. Murió y lo sepultaron en una tumba prestada. Además, poco después, los romanos atacaron la ciudad de Jerusalén. Gabriel auguró ese acontecimiento así: «Surgirá un gobernante cuyos ejércitos destruirán la ciudad y el templo. El fin llegará con una inundación; guerra, y la miseria que acarrea, está decretada desde ese momento hasta el fin» (v. 26, NTV).

Esta sombría profecía se cumplió el 6 de agosto del año 70 d. C. cuando el general Tito de Roma destruyó Jerusalén, mató a un millón de judíos y destrozó el templo piedra por piedra.[4]

¿No te parece este un texto impresionante?

Su estudio llevó a Leopold Kahn, un antiguo rabino, a convertirse al cristianismo.[5]

Sir Isaac Newton declaró que bastaba con esta profecía para confirmar la verdad del cristianismo.[6]

El doctor Bill Creasy, distinguido profesor de la UCLA, calificó este presagio como «uno de los ejemplos más extraordinarios de profecía específica de largo alcance en la Biblia».[7]

El doctor Mark Hitchcock, autor de un exhaustivo libro de quinientas páginas sobre el fin de los tiempos, escribió: «¡La precisión de esta profecía es asombrosa! La considero la mayor profecía jamás revelada. Se erige como una prueba monumental de la inspiración de la Biblia».[8]

Sin embargo, a la persona que es observadora le surge una pregunta. Gabriel predijo 490 años, pero solo explicó los primeros 483. ¿Qué pasa con los siete restantes?

Vienen tiempos difíciles

> El gobernante firmará un tratado con el pueblo por un período de un conjunto de siete [7 años], pero al cumplirse la mitad de ese tiempo, pondrá fin a los sacrificios y a las ofrendas. Como punto culminante de todos sus terribles actos, colocará un objeto sacrílego que causa profanación hasta que el destino decretado para este profanador finalmente caiga sobre él. (Dn 9:27, NTV)

Un momento. ¿Quién es ese «gobernante»? ¿Qué tratado de siete años es este? ¿Cómo puede el gobernante poner fin a los sacrificios después de tres años y medio si ya el templo está destruido y, por lo tanto, ya no se realizan los sacrificios del templo? ¿Qué acaba de suceder?

He aquí lo que muchos estudiosos del fin de los tiempos pensamos: Dios detuvo la cuenta regresiva de 490 años en el año número 483. Cuando los judíos rechazaron a su Mesías, Dios decretó una pausa. Hay un intervalo de tiempo entre los años 483 y 484, un paréntesis entre los acontecimientos que se describen en Daniel 9:26 y 27.

¿Por qué creo esto? Porque los acontecimientos que se describen en el versículo 27 no han sucedido todavía. No hemos presenciado el momento en que se prohíben los sacrificios y las ofrendas en el templo. En la actualidad no hay templo. Esta es una profecía que aún debe cumplirse y alude a los siete años finales de los 490. Ese período incluirá un templo reconstruido,* su profanación, un tratado y un déspota malvado. Tal vez hayas oído hablar de él.

El anticristo es el agitador belicista del fin de los tiempos, el enemigo de Dios y la némesis de los judíos. El «gobernante» (Dn 9:26,

* Consulta el Material adicional, p. 196, para obtener información sobre este templo.

NTV) se refiere a él. Será el peón de Satanás en un intento final, mortal e inútil de derrocar el reino de Dios. Hará un tratado con el Estado de Israel. Bajo los términos de este tratado, Israel continuará o comenzará la construcción del templo.

Al principio los judíos estarán muy contentos con su nuevo amigo. El mundo suspirará con alivio ante la posibilidad de la paz en el Cercano Oriente. Sin embargo, a mediados del tratado de siete años, se revelará la verdadera naturaleza del anticristo; romperá el tratado y se apoderará del templo reconstruido; erigirá una imagen suya y exigirá la adoración universal. Así impondrá su voluntad al mundo (Ap 13:1-18).

Jesucristo se refirió a este momento: «Así que, cuando vean en el lugar santo "la abominación que causa destrucción", de la que habló el profeta Daniel (el que lee, que lo entienda), entonces los que estén en Judea huyan a las montañas» (Mt 24:15-16, NVI).

A este período de siete años de lucha global a menudo se lo llama «la tribulación». Dios utilizará esta etapa de prueba para purgar y purificar a la nación de Israel y para poblar el nuevo reino con personas de fe. Entonces declarará su juicio final contra el aspirante a líder mundial. Cristo vendrá por segunda vez para establecer un reino. Todos lo verán con sus propios ojos (Zac 14:3-4; Ap 1:7). Toda rodilla se doblará ante él, y el Hijo del Hombre gobernará desde Jerusalén. En ese momento se cumplirán los 490 años y comenzará el milenio, la edad de oro.

¿Te da vueltas la cabeza?

Hagamos una pausa y orientémonos. Esta es la cronología:

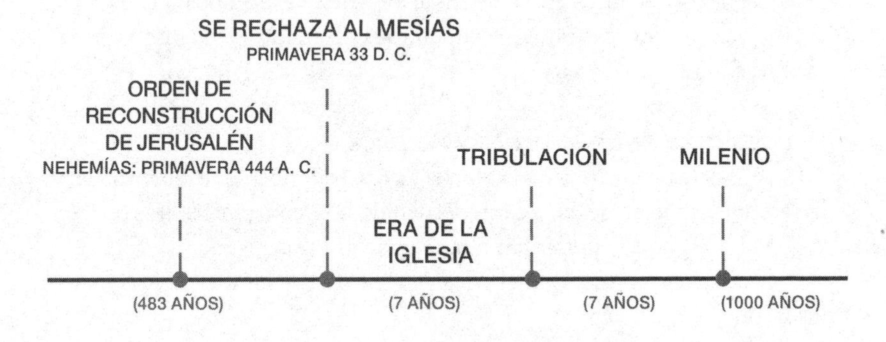

¿Ves dónde nos encontramos en esta línea de tiempo? Vivimos en «la era de la iglesia» o «la era de la gracia», que es el período intermedio entre el Mesías y la tribulación.

Uno podría preguntarse: *¿Por qué este intervalo? ¿Por qué Dios crearía esta etapa separada para la era de la iglesia?*

He aquí la respuesta: es un *mustérion*. Esa es la palabra griega que Pablo utilizó para describir este período intermedio: un misterio, un secreto que Dios mantuvo oculto en su corazón. Dios añadió una nueva era entre la muerte de Cristo y los últimos siete años de la historia humana tal como la conocemos.

> Al leer esto, podrán darse cuenta de que comprendo el misterio de Cristo. Ese misterio, que en otras generaciones no se dio a conocer a los seres humanos, ahora se ha revelado por el Espíritu a los santos apóstoles y profetas de Dios. Es decir, que los no judíos son, junto con Israel, beneficiarios de la misma herencia, miembros de un mismo cuerpo y participantes igualmente de la promesa en Cristo Jesús mediante el evangelio. (Ef 3:4-6, NVI)

Dios insertó a la iglesia en la historia. La era de la iglesia trajo una nueva sociedad formada por judíos y no judíos, hombres y mujeres, esclavos y personas libres. Tú, los demás creyentes y yo nos encontramos en algún lugar de esa era intermedia. Para ser claros, los últimos siete años están aún por venir; pero cuando lleguen, el déspota más malvado de la historia los inundará con su veneno.

La profecía de Daniel 9 es extremadamente importante. Nos habla de la línea de tiempo que tiene Dios para la historia e incluye una profecía precisa sobre el Mesías y una primera referencia al anticristo y a los siete años restantes en el calendario profético de Dios. Antes de avanzar en ese cronograma, recuperemos el aliento y hagamos tres observaciones.

Puedes confiar en la profecía bíblica

Leí acerca de una tienda de servicios psíquicos que quebró. El letrero en la puerta decía: «Cerrado debido a circunstancias imprevistas». A Dios no se le presentan circunstancias imprevistas.

Le reveló a Daniel que el Mesías vendría después de 483 años y Jesús vino.

Las mismas páginas que anuncian profecías con una fecha de cumplimiento exacta son las que describen el amor y la devoción de Dios por ti. Puedes confiar en la Palabra de Dios.

Le reveló a Daniel que asesinarían al Ungido y así fue.

Le reveló a Daniel que la ciudad de Jerusalén sería destruida y así ocurrió.

Estas y decenas de otras profecías nos obligan a confiar en las palabras de Dios. Las mismas páginas que anuncian profecías con una fecha de cumplimiento exacta son las que describen el amor y la devoción de Dios por ti. Puedes confiar en la Palabra de Dios.

Puedes estar preparado

Se acercan tiempos difíciles. El anticristo, la tribulación y la abominación que causa destrucción son sucesos fatídicos. No obstante, si estás en Cristo, no tendrás que experimentarlos. Dios vendrá por su iglesia antes de que comiencen esos días oscuros. Este suceso se conoce generalmente como «el arrebatamiento». Jesús, con el poder de un rey y la bondad de un salvador, se llevará a sus hijos antes de los siete años de maldad. (Dedicaremos el capítulo 7 a desentrañar con lujo de detalles este emocionante acontecimiento).

¿Serás como aquellos que no vieron la fecha de Jesús cuando vino y se negaron a reconocerlo como el Mesías? ¿O estarás listo para el rescate?

Puedes estar seguro de la victoria final

Hace algunos años asistí a un partido de baloncesto de los San Antonio Spurs. Era el último partido de la temporada regular y era el único que no importaba, pues los Spurs ya habían ganado su división y habían asegurado el primer puesto en las eliminatorias; por lo tanto, no influía en la clasificación. No importaba si ganaban o perdían, aunque perdieran, ya habían ganado la división.

> En estos últimos días participemos, juguemos bien y seamos felices. Al fin y al cabo, la victoria está asegurada.

El partido suscitaba poco o ningún interés en el mundo del deporte. No obstante, llamó mi atención, pues vi en él un ejemplo ilustrativo para una predicación futura. Los cristianos ocupan el mismo lugar que ocupaban los Spurs. Según la Biblia, ya hemos ganado. Según la profecía, la victoria está asegurada. Según el mensaje de la gracia y la muerte de Cristo en la cruz, nadie puede arrancarnos de la mano de nuestro Padre.

Sin embargo, aún nos quedan algunos combates antes de la victoria final. Entonces, ¿cuál debe ser nuestra actitud mientras tanto?

Los Spurs fueron un buen ejemplo. Nunca vi a un equipo que disfrutara tanto un partido. Estaban relajados, confiados y felices, y por eso lo ganaron.

Esa es nuestra estrategia. Mantengamos la vista en el pequeño avioncito dentro del avión grande. En estos últimos días participemos, juguemos bien y seamos felices. Al fin y al cabo, la victoria está asegurada.

CAPÍTULO 5

¿El milenio?

TODAS LAS NAVIDADES CANTAMOS sobre el milenio. Es posible que no lo sepamos, pero lo hacemos. Sobre él cantan los duros de corazón, los cínicos seculares, los que apenas pueden mantenerse sobrios. Todos cantamos sobre el milenio.

Quizás te sorprenda saber que cuando Isaac Watts escribió «Joy to the World» [Alegría para el mundo], no estaba escribiendo un villancico navideño.[1] Estaba reflexionando sobre el salmo 98, un texto que celebra el próximo reinado terrenal de mil años de Jesús. Durante esta edad de oro, Jesús gobernará el mundo *en verdad y gracia. Hará que las naciones comprueben las maravillas de su amor* y hará que sus bendiciones *fluyan hasta donde esté la maldición.*

Isaac Watts ha sido uno de los muchos estudiosos de la Escritura que aguardan una era de paz y prosperidad sin precedentes: una era durante la cual Jesús reinará desde un trono físico en la Jerusalén actual y, durante un período prolongado, el mundo tendrá un descanso.

No todos los estudiosos de la Escritura están de acuerdo con Watts. Hay muchos hombres y mujeres temerosos de Dios, que buscan a Cristo y que van al cielo, quienes ven las referencias bíblicas al reino de los mil años como un símbolo, una metáfora. El debate es arduo.

Los cristianos están de acuerdo en tres puntos esenciales:

1. El retorno visible de Jesucristo.
2. La resurrección corporal de los muertos.
3. El juicio final de todos los hombres.

Estas verdades fundamentales forman la base de la esperanza

cristiana respecto al fin de los tiempos; abarcan y crean el terreno común en el que podemos servir juntos, disfrutar de la comunión y adorar a Jesús. Si bien existe un intenso debate sobre los detalles de lo que está a punto de suceder, no podemos permitir que las diferentes interpretaciones amenacen nuestro vínculo común. Podemos ser categóricos, pero nunca divisivos.

Cristo viene, los muertos resucitarán y todo se pondrá en orden.

Cristo viene, los muertos resucitarán y todo se pondrá en orden.

Amén.

Muchos cristianos no sienten la necesidad de seguir tratando el tema. (En realidad, basta con mencionar el tópico del fin de los tiempos para que algunos lo eviten por completo). No obstante, otros sentimos curiosidad, queremos saber qué pasará después. La esencia de este asunto es una pregunta más concreta. ¿Cómo debemos interpretar la edad de oro que describe el profeta Juan?

> Luego vi a un ángel que bajaba del cielo con la llave del abismo sin fondo y una pesada cadena en la mano. Sujetó con fuerza al dragón —la serpiente antigua, quien es el diablo, Satanás— y lo encadenó por mil años. El ángel lo lanzó al abismo sin fondo y lo encerró con llave para que Satanás no pudiera engañar más a las naciones hasta que se cumplieran los mil años. Pasado ese tiempo, debe ser soltado por un poco de tiempo.
>
> Después vi tronos, y los que estaban sentados en ellos habían recibido autoridad para juzgar. Vi las almas de aquéllos que habían sido decapitados por dar testimonio acerca de Jesús y proclamar la palabra de Dios. Ellos no habían adorado a la bestia ni a su estatua, ni habían aceptado su marca en la frente o en las manos. Volvieron a la vida, y reinaron con Cristo durante mil años.
>
> Esta es la primera resurrección. (El resto de los muertos no volvieron a la vida hasta que se cumplieron los mil años). Benditos y santos son aquéllos que forman parte de la primera resurrección, porque la segunda muerte no tiene ningún poder sobre ellos, sino que serán sacerdotes de Dios y de Cristo, y reinarán con él durante mil años. (Ap 20:1-6, NTV)

Juan habló como si lo hubieran llevado a un reino diferente, como si lo hubieran tomado de la tierra y dejado caer en un acontecimiento futuro. Fue testigo de cómo un ángel le puso las cadenas al diablo y lo arrojó al abismo. Habló de los muertos que vuelven a la vida y de la celebración de los santos.

Los estudiosos de la Biblia interpretan este texto de diferentes maneras.

Algunos piensan que en él se emplea un lenguaje figurado (no literal) y consideran que ahora estamos en el milenio. Creen que el reino de Dios comenzó con la primera venida de Jesús y que se consumará con su segunda venida. Este punto de vista se ha denominado *amilenarismo*.

Otros consideran que el reino de Dios progresará poco a poco hacia un tiempo de paz mundial que terminará con la segunda venida de Jesús. La referencia a los mil años se ve como algo simbólico, que en términos sencillos describe un largo período de tiempo. Este punto de vista a menudo se denomina *postmilenarismo*, pues considera la segunda venida de Jesús como algo posterior al milenio.

Otros interpretan que Apocalipsis 20 describe un período real de mil años en el que se encadenará a Satanás y Cristo será rey. Este punto de vista por lo general se denomina *premilenarismo*, pues considera que la segunda venida de Jesús ocurrirá antes del milenio.[2]

¿Qué importancia tiene?

¿Acaso tiene importancia el punto de vista que una persona adopte en este tema? Con respecto a la salvación, ninguna importancia. Somos salvos por gracia a través de la fe en Jesús, no por descifrar el código del milenarismo.

Sin embargo, nuestra respuesta determina la forma en que vemos los acontecimientos del fin de los tiempos. ¿Crees que el milenio es algo simbólico, lenguaje figurado? Entonces tu línea de tiempo es sencilla. Cristo regresará para el juicio, los que son salvos se salvarán, las almas perdidas recibirán su condena y nuestra vida eterna comenzará.

¿Defiendes una interpretación más literal de Apocalipsis 20? Si es así, entonces es probable que preveas la ocurrencia de otros sucesos dramáticos como el arrebatamiento de la iglesia a la presencia de Cristo, un período de gran tribulación en la tierra, el regreso triunfal de Jesús desde el cielo y un renacer de la naturaleza y la humanidad durante mil años.

Somos salvos por la fe en Jesús, no por descifrar el código del milenarismo.

Considera esta metáfora: imagina que estás remodelando una casa centenaria. Se ha deteriorado y quieres devolverla a su estado original. Cuando quitas los escombros, descubres una chimenea de piedra. Si formaba parte del diseño inicial, vas a conservarla, pero si se añadió más tarde, la vas a eliminar.

En nuestro debate sobre «lo que sucederá después», nos enfrentamos a una decisión similar. Si el milenio es parte del plan original de Dios, debemos centrar nuestra visión de los últimos días en torno a él. Si no es así, si se añadió más tarde o nunca se tuvo esa intención, entonces podemos ignorarlo. De ahí que sea necesario discutir la *posibilidad* del milenio en este momento. Abordaremos el *propósito* del milenio en el capítulo 13.

Entonces, ¿disfrutaremos de un reinado de mil años con Jesús?

Mi respuesta es sí. Jesús gobernará algún día desde la ciudad terrenal de Jerusalén. La tierra recuperará el esplendor que tenía en el huerto del Edén, caminaremos en un planeta perfecto y nuestros cuerpos serán perfectos. Esta interpretación concuerda con la posición premilenarista.

¿Qué me lleva a esa conclusión? Interesante pregunta. Nunca tuve un pastor ni un profesor con una postura premilenarista. El seminario al que asistí enseñaba que el reino de mil años es la era en que vivimos. Sin embargo, a medida que estudiaba por mí mismo la Escritura, se produjo un cambio en mi forma de pensar. Las razones de ese cambio se pueden resumir en cinco puntos principales.

Las promesas que no se han cumplido aún

Un reino de mil años permite que los pactos de Dios se cumplan. Recordarás que tratamos estos pactos anteriormente. Hagamos un rápido repaso de ellos.

El pacto más antiguo se encuentra en las primeras palabras que Dios pronunció sobre la humanidad. «Fructificad y multiplicaos; llenad la tierra, y sojuzgadla» (Gn 1:28, RVR1960). Esta fue nuestra misión inicial: «[señorear] en los peces del mar, en las aves de los cielos, en las bestias, en toda la tierra, y en todo animal que se arrastra sobre la tierra» (Gn 1:26, RVR1960).

Dios nos dio instrucciones para «sojuzgar» la creación. El reino de esta creación está en la «tierra» (no en el cielo). Adán y Eva fueron creados para supervisarla. Con la serpiente vino la tentación, con la tentación la rebelión y con la rebelión vino la caída. En consecuencia, la humanidad cayó de la posición que se le había asignado como gobernante de la tierra.

¿Influye nuestro fracaso en el plan de Dios? ¿Acaso lo abandonará? ¿Modificará su pacto? No lo hará, pues decretó un futuro reinado de Cristo en la tierra; y sobre nosotros ha declarado: «serán sacerdotes de Dios y de Cristo, y reinarán con él mil años» (Ap 20:6, NVI). Durante un milenio haremos lo que Adán y Eva hicieron por poco tiempo. Reinaremos en el huerto inmaculado de Dios.

Este pacto, que no se ha cumplido aún, permanece entre Dios y el ser humano, y se hará realidad.

Además, quedan pactos sin cumplir entre Dios e Israel (Gn 12:1-3 y 15:18). Dios prometió a Israel una porción específica de territorio: «A tu descendencia daré esta tierra» (Gn 15:18, RVR1960). La tierra incluye la actual nación de Israel y partes de lo que hoy son Egipto, Siria, Líbano e Irak (15:18-21). Aunque los israelitas heredaron esta tierra, aún no la han ocupado por completo. Este pacto no se cumplió en el pasado y no se está cumpliendo en el presente. Entonces, ¿no deberíamos esperar que se cumpla en el futuro?

Dios también hizo un pacto específico con David de que uno de sus descendientes se sentaría en el trono del monarca y reinaría sobre su reino para siempre (2 S 7:12-16). Esta promesa se aplicó específicamente a Jesús en su nacimiento: «Dios el Señor le dará el trono de su padre David» (Lc 1:32, NVI). Ciertamente, Jesús gobierna desde el cielo en la era actual. No obstante, la promesa hecha a David requiere que Jesús se siente en *el trono de David* y gobierne sobre *el reino de David*, la nación de Israel.

El reino de mil años hará posible que esto ocurra.

A esta lista de promesas podemos añadirle varias profecías que no se ajustan ni a la época actual ni a nuestra vida eterna. He aquí un ejemplo:

> Los bebés ya no morirán a los pocos días de haber
> nacido,
> ni los adultos morirán antes de haber tenido una
> vida plena.
> Nunca más se considerará anciano a alguien que tenga
> cien años;
> solamente los malditos morirán tan jóvenes.
>
> (Is 65:20, NTV)

Isaías predijo una era en la que los recién nacidos no morirían y la esperanza de vida se mediría en siglos. Esto difiere mucho de la época actual, pero resulta también una descripción inexacta de nuestra vida eterna, cuando la muerte dejará de existir. Al parecer, el cronograma del cielo incluye en la historia una etapa que es muy superior a la época actual pero mucho menos gloriosa que nuestro hogar final. El milenio se ajusta a esta descripción.

Otras profecías presagian una etapa única en la humanidad, en especial:

> En ese día el lobo y el cordero vivirán juntos,
> y el leopardo se echará junto al cabrito.
> El ternero y el potro estarán seguros junto al león,
> y un niño pequeño los guiará a todos.
>
> (Is 11:6, NTV)

¿Te imaginas una renovación semejante de la naturaleza? ¿Una época en la que todos los animales y los seres humanos coexistirán en paz? Esto se parece al paraíso. No obstante, luego leemos el siguiente pasaje:

> En ese día, el heredero del trono de David
> será estandarte de salvación para el mundo entero.
> Las naciones se reunirán junto a él,
> y la tierra donde vive será un lugar glorioso.
> En ese día, el Señor extenderá su mano por segunda vez
> para traer de regreso al remanente de su pueblo:
> los que queden en Asiria y el norte de Egipto;
> en el sur de Egipto, Etiopía y Elam;

en Babilonia, Hamat y todas las
tierras costeras distantes.

(vv. 10-11, NTV)

Estos versículos apuntan al mismo período profético, aunque no parece que la vida eterna ya haya comenzado durante esa etapa. Algunas personas todavía buscan la salvación. Las «naciones se reunirán» y el Señor extenderá su mano. Sin embargo, la transformación de la naturaleza no se parece a nada de lo que veremos en la época actual. ¿Podría ser una descripción del milenio?[3]

Un reino así proporciona el tiempo y el espacio para que se cumplan las promesas de Dios. También se prevé:

La derrota de Satanás

En la visión de Juan, el ángel «sujetó con fuerza al dragón —la serpiente antigua, quien es el diablo, Satanás— y lo encadenó por mil años. El ángel lo lanzó al abismo sin fondo y lo encerró con llave para que Satanás no pudiera engañar más a las naciones hasta que se cumplieran los mil años» (Ap 20:2-3, NTV).

Satanás es un ángel caído, lleno de rencor y maldad. Causa estragos en la tierra y deja devastación a su paso. Se lo puede culpar de todas las guerras, las preocupaciones y las almas agobiadas. De ahí que imaginar a Satanás encadenado, encerrado lejos de la humanidad, ¡es una idea muy atractiva!

¿Se ha producido este encarcelamiento? ¿Han sacado a Satanás de la tierra y lo han encerrado? ¿Lo han prendido, atado y arrojado al abismo, y luego han cerrado y sellado el abismo sobre él (Ap 20:2-3, LBLA)?

Hasta donde yo sé, sigue siendo el «príncipe de este mundo» (Jn 12:31; 14:30, LBLA), «el dios de este mundo» (2 Co 4:4, LBLA), «el líder de los poderes del mundo invisible» (Ef 2:2, NTV) y un «león rugiente, buscando a quién devorar» (1 P 5:8, NTV). El encarcelamiento de Satanás es un acontecimiento que está aún por venir.

Una interpretación más literal de Apocalipsis 20 concuerda con la realidad de la próxima desaparición del diablo. En verdad, una lectura más literal de la Escritura es otra razón para afirmar el milenio.

La interpretación literal

En mi Biblia escribí esta frase en la página que precede al Libro de Apocalipsis: «Cuando el sentido literal de la Escritura tenga sentido, no buscaremos otra interpretación». No sé quién fue el primero en enunciar esa regla, pero me gusta. La interpretación más sencilla de Apocalipsis 20 es que se refiere a un verdadero reino de mil años. Juan lo menciona seis veces en los primeros siete versículos:

1. Se encadena a Satanás «por mil años» (v. 2, NVI).
2. Satanás no podría engañar más «hasta que se cumplieran los mil años» (v. 3, NVI).
3. Los santos «reinaron con Cristo mil años» (v. 4, NVI).
4. «Los demás muertos no volvieron a vivir hasta que se cumplieron los mil años» (v. 5, NVI).
5. Los salvos, quienes tienen parte en la primera resurrección, «reinarán con él [Cristo] mil años» (v. 6, NVI).
6. Cuando se cumplan los mil años (v. 7, NVI).

¿Por qué no interpretar literalmente el número que nos da Juan?

Daniel lo haría así. Recordemos que fue profeta en el siglo VII a. C. Hacia el final de su vida, Daniel elevó una oración que ocupa la mitad del noveno capítulo de su libro y merece un lugar en la lista de las grandes oraciones de la Biblia. Le pidió a Dios que perdonara al pueblo judío y le permitiera regresar a Jerusalén.

¿Qué motivó su oración? Pues estaba leyendo la profecía de Jeremías, un profeta de la generación anterior: «Todo este país quedará reducido a horror y ruina; estas naciones servirán al rey de Babilonia durante setenta años» (Jr 25:11, NVI).

Aquí vemos a un profeta que lee a otro profeta, y nos enseña así a leer la profecía. Cuando Daniel leyó la predicción de Jeremías, habían transcurrido sesenta y siete años de cautiverio. Entonces, dado que los setenta años estaban llegando a su fin, oró para que Dios cumpliera su promesa. Daniel no asumió que setenta era una cifra simbólica. No interpretó que setenta fuera una frase metafórica para referirse a un número no revelado de años. Cuando leyó la frase «setenta años», supuso que significaba literalmente setenta años.

Por ese motivo, me inclino por la interpretación literal a menos que haya una razón clara para hacer lo contrario. Si la profecía habla de setenta años, asumo que son setenta años. En el Libro de Apocalipsis, Juan promete un reinado de Cristo de mil años. Pienso que Daniel habría tomado esta cifra al pie de la letra.

Los cristianos del siglo I parecen haberlo interpretado así. Su convicción es otro motivo para considerar el milenio que está por venir como algo real.

Los primeros padres de la iglesia

Durante los primeros trescientos años de la historia de la iglesia, casi todos sus líderes eran premilenaristas.[4] El más importante de ellos fue Papías (60-130 d. C.), el obispo de Hierápolis, quien fue discípulo nada menos que del apóstol Juan.[5] Si un discípulo del autor de Apocalipsis se adscribió a una interpretación literal del milenio en Apocalipsis 20, este es un argumento de peso para hacer lo mismo.

La lista de los primeros partidarios de una interpretación literal del reinado de Cristo también incluye a Ireneo (c. 120-202) y Tertuliano (160-230). Justino Mártir, que murió en 165 d. C., escribió: «No obstante, otros y yo, que somos cristianos rectos en todos los temas, estamos seguros de que habrá una resurrección de los muertos, y mil años en Jerusalén, que entonces se edificará, se embellecerá y se ampliará, [como] declaran los profetas Ezequiel, Isaías y otros».[6]

Los padres de la iglesia abrazaron la promesa de un reinado terrenal de Jesús. La evidencia histórica es convincente.

También lo es la enseñanza que nos brinda el siguiente punto.

Las resurrecciones en el Libro de Apocalipsis

Juan predijo dos de esas resurrecciones:

> Después vi tronos, y los que estaban sentados en ellos habían recibido autoridad para juzgar. Vi las almas de aquéllos que habían sido decapitados por dar testimonio acerca de Jesús y proclamar la palabra de Dios. Ellos no habían adorado a la bestia ni a su estatua, ni habían aceptado su marca en la frente o en las manos. Volvieron a la vida, y reinaron con Cristo durante mil años. Esta es la primera resurrección. (El resto de los muertos no volvieron a la vida hasta que se cumplieron los mil años). (Ap 20:4-5, NTV)

Juan se refiere a la tribulación, los siete años de angustia, de los que hablaremos pronto. La tribulación será un período de grandes dificultades para todas las personas, sobre todo para aquellos que se resisten a Satanás. Solo los que lleven su marca en la frente o en la mano podrán comprar y vender.[7] Multitudes se negarán a arrodillarse ante los matones del diablo; los asesinarán por sus creencias y volverán a la vida y reinarán con Cristo durante mil años. Esta es la primera resurrección. Juan tiene el cuidado de señalar: «El resto de los muertos no volvieron a la vida hasta que se cumplieron los mil años» (v. 5).

Dos resurrecciones: una para los redimidos y otra para los rebeldes. Una al principio del milenio, otra al final. Si no hay milenio, ¿cómo puede haber dos resurrecciones?

Cinco puntos principales

Como mencioné antes, no siempre interpreté que la Escritura enseñaba un reino milenario real por venir. Los profesores y los predicadores a los que debo mi comprensión de la salvación, la gracia y la victoria final influyeron para que viera las profecías sobre los mil años a través de la lente del sentido figurado. Por supuesto, todavía admiro a esos profesores y entiendo su postura.

No obstante, los puntos principales antes mencionados me convencen de que Cristo reinará en la tierra mil años. Recapitulemos:

Las promesas que no se han cumplido aún.
La derrota de Satanás.
La interpretación literal.
Los primeros padres de la iglesia.
Las resurrecciones en el Libro de Apocalipsis.

Momentos antes de su ascensión al cielo, los seguidores de Cristo preguntaron: «Señor, ¿restaurarás el reino a Israel en este tiempo?» (Hch 1:6, RVR1960).

Muchos estudiosos critican a los apóstoles por esa pregunta; los acusan de mala interpretación, pues piensan que tenían algo en mente cuando hablaron del «reino». Piensan que se referían a un reino real, con sede en Israel, en el que Cristo reinaría como Rey, mientras que en realidad Jesús solo estaba interesado en algo más simbólico. Si ese fuera el caso, es de esperar que Jesús los corrigiera en su forma de pensar.

Examina el cronograma de tu viaje a casa, y encontrarás que hay diez siglos reservados por Dios para hacer lo que prometió hacer: establecer el Edén. Pon tu oído en las páginas de tu Biblia y escucharás el cabalgar de un Rey que se acerca.

Sin embargo, la amable reprimenda del Maestro no ocurre y solo se limita a explicar: «No os toca a vosotros saber los tiempos o las sazones, que el Padre puso en su sola potestad» (Hch 1:7, RVR1960).

Cristo no rebatió ni corrigió su concepción del reino. ¿Por qué? ¿Podría ser que los apóstoles tuvieran razón? Entonces, ¿establecerá Jesús un reino en la tierra? La Escritura es clara en cuanto a esta promesa. Examina el cronograma de tu viaje a casa y encontrarás que hay diez siglos reservados por Dios para hacer lo que prometió hacer: establecer el Edén. Pon tu oído en las páginas de tu Biblia y escucharás el cabalgar de un Rey que se acerca.

Yo lo escucho.

A medida que he debatido y enseñado este tema, he notado diferentes niveles de interés. A algunos les fascina este debate y disfrutan de toda información sobre el milenio.

¿Otros? Pueden decirlo en voz alta o no, pero piensan: *¿Qué importancia tiene? Al final todo sale bien*. Son «panmilenaristas». Todo se resuelve y con eso basta, no necesitan saber más.

Eso lo entiendo, y está bien.

Independientemente de si disfrutas la abundancia de detalles o no te gustan los detalles, lo importante es que a los hijos de Dios les espera un día glorioso. Al parecer, este incluye un intervalo de abundancia terrenal, y ciertamente incluye una eternidad de gozo en la presencia de Dios. Tus anhelos de un mundo de justicia se harán realidad. Nuestro Padre tiene un plan y nos tiene en su mano.

Cuando mis hijas eran pequeñas, seguíamos una compleja rutina a la hora de dormir. Las niñas sabían cómo alargar el momento de las buenas noches para no tener que irse a la cama. «¡Sé gracioso, papá!», exclamaban, y yo obedecía. Me golpeaba la nariz con la puerta o tropezaba y me caía al suelo. Se reían y me decían: «¡Hazte el tonto, papá!». Las complacía con expresiones tontas y cara de payaso. Volvían a reírse, pero no me dejaban ir sin responder a una última petición: «Sé fuerte, papá».

Entonces flexionaba los músculos, me erguía como un oso pardo y ahuyentaba todas las sombras.

Me gusta pensar que ver a un papá fuerte les ayudaba a calmarse y dormir.

A nosotros también nos ayuda, ¿no es así?

Tenemos un Padre fuerte, tan fuerte que es capaz de crear un millón de galaxias, y que está lo suficientemente cerca como para ahuyentar todas las sombras de la noche.

Mantén tu mirada en él y continúa cantando *Joy to the World* [Alegría para el mundo].

¡Alegría para el mundo! El Señor ha venido.
Que la tierra reciba a su Rey,
Que cada corazón le prepare un lugar.
Y que el cielo y la naturaleza canten,
Y que el cielo y la naturaleza canten,
*Y que el cielo, y que el cielo y la naturaleza canten.**

* N. del T.: Traducción libre realizada para los fines de esta obra.

PARTE 2

Lo que viene y por qué importa

PASÉ DOS DÉCADAS COMPLETAS de mi vida sin haberme subido a un metro. En mi ciudad natal del oeste de Texas nunca consideramos los viajes subterráneos. Perforábamos el suelo en busca de petróleo, cazábamos serpientes bajo tierra, bombeábamos agua de sus profundidades, pero ¿viajar en un tren subterráneo? Nunca fue una opción.

Comprenderás, entonces, mi consternación, la primera vez que me vi montado en un metro debajo de la metrópolis de São Paulo, Brasil. Cuatro compañeros de la universidad y yo estábamos pasando el verano en la ciudad. Nuestra tarea era servir a los misioneros. No sé lo que esperábamos lograr... no hablábamos el idioma; ninguno había vivido en el extranjero; nunca habíamos jugado fútbol con una pelota redonda. Éramos los gringos más novatos. Aun así, estábamos allí para ayudar. Cuando uno de los misioneros nos pidió a dos de nosotros que tomáramos el metro y atravesáramos la ciudad para hacer un mandado, no recuerdo haber confesado nuestra inexperiencia.

Los dos localizamos la estación del metro y nos las arreglamos para subir al tren. Sin embargo, a medida que avanzaba en la oscuridad, nos dimos cuenta de que no sabíamos adónde íbamos, ni cuándo o cómo bajar. Nos quedamos de pie en el pasillo, agarrados a las correas de cuero del techo y haciéndonos preguntas.

—¿Qué hacemos ahora?

—¿Cómo sabemos dónde bajar?

—¿Cómo se dice «¡ayuda!» en portugués?

Observábamos a la multitud de pasajeros: la gente leía periódicos, hojeaba novelas; algunos incluso dormitaban. ¿Cómo podían estar tan tranquilos? ¡Íbamos en una bala por un túnel! ¿Qué sabían ellos que nosotros desconocíamos?

Un amable brasileño que hablaba inglés escuchó nuestras bromas y vino a rescatarnos.

—¿Americanos?

Asentimos.

—¿Perdidos?

Asentimos otra vez.

—¿Necesitan ayuda?

Le entregamos la nota de papel con el nombre de nuestro destino. Nos señaló un mapa lineal extendido sobre las ventanillas en el interior del vagón.

—Es un mapa de la ruta del metro —señaló un punto en la línea—. Nos acercamos a esa estación.

Luego señaló un punto unos seis o siete nombres más adelante en la línea.

—Ese es su destino. Estén atentos a medida que pasemos por cada parada. Cada vez estarán más cerca. Cuando vean el nombre de su estación, bájense.

Hizo que pareciera fácil. ¡Y lo fue! Nos bajamos en el lugar correcto. Todo cambió cuando supimos que había un mapa.

¿Sabías que Dios nos ha proporcionado un mapa? Mi mejor intento de la secuencia de lo que sucederá después es algo así como esto:

LA LÍNEA DE TIEMPO DEL CIELO

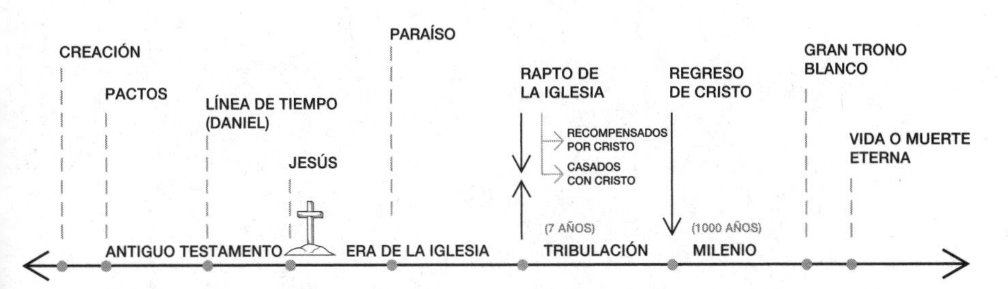

Ninguna persona puede afirmar que sabe con exactitud lo que sucederá en el futuro; solo Dios conoce los detalles del mañana. No obstante, podemos reclamar esta promesa: «El Espíritu Santo [...] les enseñará lo que está por suceder» (Jn 16:13, TLA). Dios dedicó mucho tiempo y tinta a anunciarnos lo que debemos esperar. Meditar en sus planes lo honra a él y hace bien a nuestra alma.

En el Libro de Apocalipsis, Dios es identificado como «Todopoderoso» nueve veces.[1] El término griego es *pantokrátor*, compuesto de dos palabras griegas: *pás* (todo) y *krátos* (dominio). ¡Dios tiene dominio de todo! Al mando de la historia hay un Dios que no solo gobierna en cada época, sino que controla el calendario. Podemos especular sobre el orden de los acontecimientos, pero nunca debemos dudar de la certeza del resultado. Él tiene el mundo en sus manos.

La mayoría de las personas andan por la vida como gringos novatos en un tren subterráneo, sin la más mínima idea de adónde van ni de cómo se bajarán. En el metro de São Paulo, mi amigo y yo éramos dos pasajeros ansiosos rodeados de un vagón repleto de gente calmada. En nuestra sociedad sucede lo contrario: la confusión reina y la tranquilidad escasea.

¿Quieres saber el secreto de un viaje pacífico?

Conoce hacia dónde se dirige el tren de la historia.

CAPÍTULO 6

Los habitantes del paraíso

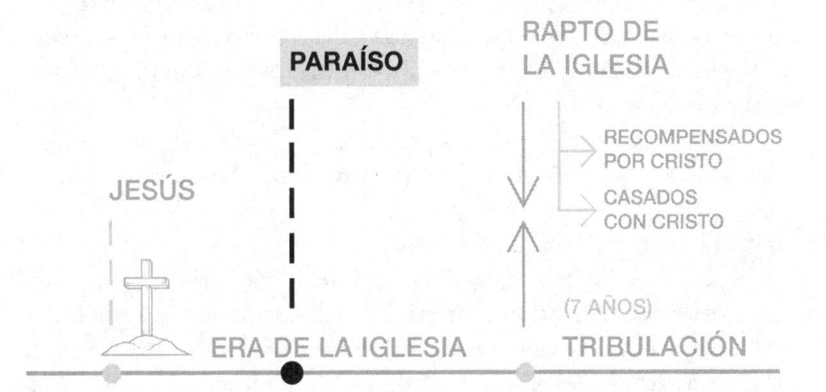

TED WILLIAMS, EL MEJOR BATEADOR en la historia de las Grandes Ligas de Béisbol, yace en un contenedor cerca del aeropuerto de Scottsdale, Arizona. Ha estado allí desde el día después de su muerte en 2002.

A sus conservadores no les gusta la palabra *muerte*. El Alcor Life Extension Program [Programa Alcor de extensión de la vida] prefiere explicar que Ted terminó «su primer ciclo de vida». Aunque ni confirman ni desmienten la presencia del bateador en sus instalaciones, su hija sí lo hace. Cuando murió, perdón, cuando «terminó su primer ciclo de vida» a los ochenta y tres años, lo colocaron en una caja de hielo, lo trasladaron en avión para Arizona, le inyectaron un tipo de anticongelante humano y lo pusieron en un contenedor de acero inoxidable. Allí, él y otros cincuenta y ocho residentes esperan su resurrección como Lázaro a -196 °C. Ellos depositaron sus cuerpos allí con la expectativa de ser reanimados; que alguien un día los pinche con una aguja o pulse un botón y active el ciclo de vida número dos.[1]

Difícilmente podemos criticar al jugador más valioso por querer volver al plato. Nadie, en especial el campeón de bateo, desea escuchar las palabras: «Estás fuera». La mayoría de las personas le temen a ese momento. Están «por temor a la muerte [...] sometidos a esclavitud» (He 2:15, NVI).

Epicuro, quien murió en el 270 a. C., describió la muerte como el «más temido de los males».[2] El filósofo del siglo XVII Thomas Hobbes conceptualizó su muerte como «mi último viaje, un gran salto en la oscuridad».[3] Robert Green Ingersoll, uno de los agnósticos más reconocidos de Estados Unidos, no pudo ofrecer palabras de esperanza en el funeral de su hermano. «La vida es un valle estrecho entre las cumbres frías y estériles de dos eternidades. Nos esforzamos en vano por ver más allá de las alturas».[4]

¡Qué lenguaje tan triste y deprimente! ¿No podemos aspirar a algo más grande que «un gran salto en la oscuridad»? ¿Enmarcar la muerte en una perspectiva más positiva que la de un «temido mal»? Nuestro buen Dios nos declara que sí podemos.

«¿Fin de la historia?», nos desafía. ¡Todo lo contrario! La muerte da inicio a la mejor parte de tu historia. En el diagrama del cielo esta experiencia es tan solo el comienzo: la primera letra de la primera oración en el primer párrafo del primer capítulo de la gran historia que Dios está escribiendo con tu vida.

Él no ve nuestro tiempo en este mundo como la obra final, sino como el reparto donde se anuncian las partes. La vida no es el principio y el fin, sino únicamente el fin del principio.

Piensa en la afirmación del apóstol Pablo: «Hermanos, deseo que estén bien enterados acerca de los que ya descansan. No deben afligirse como hacen los demás que no tienen esperanza» (1 Ts 4:13, BLA).

La iglesia de Tesalónica había sepultado a muchos de sus seres queridos, y Pablo deseaba que los miembros que quedaban estuvieran «bien enterados» de que su muerte no era motivo de desesperación. ¿Podrías beneficiarte de esa misma confianza?

- Si has sepultado a uno de tus padres, podrías.

En el diagrama del cielo esta experiencia es tan solo el comienzo: la primera letra de la primera oración en el primer párrafo del primer capítulo de la gran historia que Dios está escribiendo con tu vida.

- Si el cáncer se ha llevado al amor de tu vida, podrías.
- Si tus cálidas lágrimas han caído sobre el frío rostro de un amigo, podrías.
- Si tu hijo se fue al cielo antes de siquiera llegar a la guardería, Dios te habla.

Él transforma nuestro dolor sin consuelo en uno lleno de esperanza. ¿Cómo? Al revelarnos lo que sucede cuando morimos. Si un cristiano perece antes del rapto, su espíritu entra inmediatamente en la presencia de Dios, y esa persona disfruta de una comunión consciente con el Padre y con los que le han precedido.

¿Dónde encontramos tal esperanza? En la respuesta a tres preguntas vitales.

¿Adónde vamos cuando morimos?

El paraíso: la siguiente parada de nuestro viaje. Ese es el término que Jesús utilizó con el ladrón moribundo en la cruz. El delincuente crucificado le pidió: «Acuérdate de mí cuando vengas en tu reino» (Lc 23:42, RVR1960). Jesús, en un admirable acto de gracia, le dijo: «De cierto te digo que hoy estarás conmigo en el paraíso» (v. 43, RVR1960).

¿El paraíso es lo mismo que el cielo? Más o menos.

John Wesley llamó al paraíso «solo el portal del cielo».[5] Es la primera etapa del descanso eterno; aperitivo de nuestro banquete celestial. El paraíso no es la versión final del cielo, no es la última expresión del hogar, sino simplemente el lugar de reunión de los salvados hasta que Cristo venga a buscar a sus hijos.

La palabra griega para «paraíso» se refiere a un parque o jardín amurallado. El término tiene su origen en el vocablo persa *pairidaeza*, el cual designa a un jardín o parque real cerrado. Randy Alcorn lo explica así: «El paraíso no se entendía generalmente como una mera alegoría... sino como un lugar físico real donde Dios y su pueblo vivían juntos, rodeados de belleza física, disfrutando de grandes placeres y felicidad».[6]

Eso significa que los primeros que leyeron la promesa de Jesús al ladrón habrían visto la palabra *paraíso* y habrían pensado en el jardín del Edén. El término evocaba imágenes de un lugar tangible, un sitio que se podía tocar. Adán y Eva no caminaron entre polvo de estrellas o vapores de humo; sus pies sintieron la tierra firme, sus fosas nasales inhalaron aire perfumado, su piel sintió el cálido sol, sus labios probaron los dulces frutos. El paraíso era un jardín real con características físicas.

¿Por qué pensar que el paraíso del cielo es diferente? En la segunda referencia que Jesús hace al paraíso, él declara: «Al que venciere, le daré a comer del árbol de la vida, el cual está en medio del paraíso de Dios» (Ap 2:7, RVR1960).

Observa el tiempo de la frase. El árbol *está* en medio del paraíso. ¿Pudiera ser este el árbol original? No hay indicios de que fuera destruido. «Después de expulsarlos, el SEÑOR Dios puso querubines poderosos al oriente del jardín de Edén; y colocó una espada de fuego ardiente que destellaba al moverse de un lado a otro a fin de custodiar el camino hacia el árbol de la vida» (Gn 3:24, NTV).

Ángeles protegen el jardín de Dios. Este tiene un lugar especial en su plan y en su corazón. ¿No podría ocupar el centro del paraíso? Si es así, sus amados ven el jardín del Edén. Lo que se pueda decir del jardín se puede decir del paraíso.

¿Dónde está el paraíso? La Biblia se refiere a tres tipos de cielo. Hay un cielo atmosférico: el cielo o troposfera, que incluye la atmósfera llena de oxígeno que cubre la tierra (Gn 7:11-12). Hay un cielo planetario. Esta capa abarca nuestro poderoso y majestuoso universo.

Y luego hay un tercer cielo: el paraíso. Este existe fuera de nuestro universo físico. Pablo tuvo el privilegio de vislumbrar este reino:

> Hace catorce años fui llevado hasta el tercer cielo. Si fue en mi cuerpo o fuera de mi cuerpo no lo sé; solo Dios lo sabe. Es cierto, solo Dios sabe si estaba yo en mi cuerpo o fuera del cuerpo. Pero sí sé que fui llevado al paraíso y oí cosas tan increíbles que no pueden expresarse con palabras, cosas que a ningún humano se le permite contar. (2 Co 12:2-4, NTV)

Pablo fue «llevado hasta el tercer cielo». ¡La experiencia fue tan grandiosa que no sabía si estaba en su cuerpo o fuera de él! Escuchó cosas demasiado impresionantes para expresar. ¡Lo que vio fue tan sobrenatural que se le prohibió compartir los detalles!

Pensar que esto es lo que nuestros seres amados que han muerto están experimentando ahora, un reino indescriptiblemente espléndido.

No es el reino de los muertos, sino la tierra de la vida sobreabundante. No es un valle brumoso de espíritus fantasmagóricos, sino una alegre comunidad de santos. Jesús insistió en que Abraham, Isaac y Jacob no están muertos, sino vivos (Mt 22:32). Pablo se refirió a los ciudadanos del paraíso como «santos en luz» (Col 1:12, RVR1960).

El paraíso es casi el cielo, pero no del todo; es una residencia grandiosa, pero temporal. La forma eterna del cielo comenzará después del milenio. Dios tiene una remodelación cósmica en su línea de tiempo: un universo purificado para siempre de pecado y habitado por los que aman a Dios. Como Pedro escribió: «... esperamos un cielo nuevo y una tierra nueva, en los que habite la justicia» (2 P 3:13, NVI).

El paraíso es casi el cielo, pero no del todo; es una residencia grandiosa, pero temporal.

Hasta entonces, esto está claro: los creyentes que han fallecido no están muertos, sino que disfrutan de la presencia de Dios, y como nada impuro puede habitar en la presencia de Dios podemos estar seguros de que también han sido santificados.

¿Cuándo vamos al paraíso?

Inmediatamente después de morir. Esta fue la promesa que Jesús le hizo al ladrón en la cruz: «De cierto te digo que *hoy* estarás conmigo en el paraíso» (Lc 23:43, RVR1960, énfasis añadido).

Tengo la corazonada de que el ladrón esperaba ser recordado en algún acontecimiento futuro lejano cuando llegara el reino. ¡Y qué sorpresa se llevó! Pasó de la tortura al triunfo en un abrir y cerrar de ojos; su espíritu fue llevado de inmediato a la presencia de Dios. Nosotros podemos esperar lo mismo. El espíritu del creyente viaja a casa mientras su cuerpo espera la resurrección.

Quizás has oído la frase «estar ausente del cuerpo es estar en casa con el Señor». Pablo la acuñó: «... preferiríamos ausentarnos de este cuerpo y vivir junto al Señor» (2 Co 5:8, NVI).

En el rapto, nuestros cuerpos resucitarán. Sin embargo, Pablo no estaba hablando del rapto en este versículo, de lo contrario no habría usado la frase «ausente del cuerpo». Él estaba describiendo una fase después de nuestra muerte y antes de la resurrección de nuestros cuerpos. Durante este tiempo estaremos viviendo junto al Señor.

En otro lugar Pablo escribió: «Porque para mí el vivir es Cristo y el morir es ganancia. Ahora bien, si seguir viviendo en este mundo representa para mí un trabajo fructífero, ¿qué escogeré? ¡No lo sé! Me siento presionado por dos posibilidades: deseo partir y estar con Cristo, que es muchísimo mejor» (Fil 1:21-23, NVI).

La gramática utilizada aquí sugiere una partida inmediata del espíritu después de la muerte.[7]

Cuando estaban martirizando a Esteban, él vio «los cielos abiertos, y al Hijo del Hombre que está a la diestra de Dios» (Hch 7:56, RVR1960). Cuando estaba a punto de morir, oró: «Señor Jesús, recibe mi espíritu» (v. 59, RVR1960). Es seguro asumir que Jesús hizo exactamente eso. Aunque el cuerpo de Esteban estaba muerto, su espíritu estaba vivo. Aunque su cuerpo fue sepultado, su espíritu estaba en la presencia del propio Jesús.

Algunos sugieren lo contrario. Ciertos maestros han propuesto un período transitorio de penitencia, «un espacio de retención» en el que somos castigados por nuestros pecados. Este «purgatorio» es el lugar donde, por tiempo indefinido, recibimos lo que merecen nuestros pecados para que podamos heredar correctamente lo que Dios ha preparado.

Dos problemas desarticulan esta idea. En primer lugar, ninguno de nosotros puede soportar lo que nuestros pecados merecen. En segundo lugar, Jesús ya lo hizo por nosotros. La paga del pecado es la muerte, no el purgatorio (Ro 6:23). La Biblia también enseña que Jesús se convirtió en nuestro purgatorio y tomó nuestro castigo: «Después de llevar a cabo la purificación de los pecados, se sentó a la derecha de la Majestad en las alturas» (He 1:3, NVI). Nuestro purgatorio tuvo lugar en el Calvario cuando Jesús lo soportó por nosotros.

Otros creen que mientras el cuerpo está sepultado, el espíritu duerme. Llegan a esa convicción con bastante honestidad. Siete veces en dos epístolas distintas, Pablo utilizó el término *dormir* para referirse a la muerte (1 Co 11:30; 15:6, 18, 20; 1 Ts 4:13-15). Se pudiera deducir que el tiempo entre la muerte y el regreso de Cristo se pasa durmiendo. (Y, de ser así, ¿quién se quejaría? Sin dudas, nos vendría bien el descanso).

Sin embargo, hay un problema. Cuando la Biblia se refiere a los que ya han muerto, nunca indica que están durmiendo. Sus cuerpos están inactivos, pero sus espíritus están bien despiertos. Mateo 17:3 habla de Moisés y Elías, quienes se aparecieron en el monte de la transfiguración con Jesús. Cristo describió a Lázaro y al hombre rico conscientes en el paraíso y el Hades después de haber muerto (Lc 16:22-31). Las Escrituras hablan de «millares y millares de ángeles, en una asamblea gozosa» a quienes se unen «los espíritus de los justos que han llegado a la perfección» (He 12:22-23, NVI). ¿Y qué decir de la nube de testigos que nos rodea (He 12:1)? ¿No podrían ser los héroes de nuestra fe y los seres queridos que nos han precedido?

No hay lapso, ni tiempo de suspensión, ni reformatorio, ni período de prueba. En el momento en que los creyentes exhalan su último suspiro en la tierra, tienen su primera vislumbre del cielo. Esto plantea otra interrogante.

¿Qué haremos en el paraíso?

Lo primero será la sanidad del alma. En la historia de Jesús sobre el hombre rico y Lázaro, este último era un mendigo. Estaba «lleno de llagas» y lo ponían a la puerta del rico (Lc 16:20, RVR1960). ¿Puedes imaginar un espectáculo más lamentable? Su cuerpo estaba cubierto de heridas abiertas y ulceradas.

Cada día lo cargaban en una carreta, lo llevaban a la propiedad de la mansión, lo colocaban en el suelo y lo dejaban allí. Cuando los sirvientes del rico arrojaban sobras a la calle, Lázaro esperaba arrebatar lo que podía: una corteza de pan, un trozo de carne.

Era un mendigo sin hogar. En nuestro mundo habría dormido en la calle o bajo un puente. ¿Cuántas veces escuchó las burlas de los transeúntes? «¡Vete a trabajar!». «Este tipo lo que necesita es buscarse un trabajo». «Qué desperdicio de vida».

Las llagas en su carne eran horrendas, pero ¿y las llagas en su espíritu? Rechazo tras rechazo. Sobreviviendo a la sombra de la casa de un hombre rico. Le recordaban a diario lo poco que importaba en la sociedad.

Pero entonces, en un instante, los destinos se invirtieron. Ambos murieron, y Lázaro «fue llevado por los ángeles al seno de Abraham» (16:22, RVR1960). Radiantes embajadores del cielo transportaron a Lázaro a la presencia de Abraham, el más famoso de los héroes hebreos. El contraste no podía ser más dramático. El padre de Israel y un humilde indigente. Allí, a la vista de todo el paraíso, Lázaro fue consolado, honrado, bendecido y sanado.

Cada uno de nosotros tiene heridas internas, magulladuras y laceraciones, resultado de la vida en un mundo hostil. Si nuestro ser interior se hiciera visible, pareceríamos prisioneros de guerra torturados. ¿Cuántos de nosotros tenemos una apariencia externa de salud, pero por dentro llevamos las heridas producidas por palabras ásperas, padres autoritarios o rechazo?

No obstante, todas las heridas se curarán en el paraíso.

Una vez sanadas, contemplaremos la gloria de Dios.

Cuenta una historia que un hombre disponía de un día para explorar el Parque Nacional de Yosemite. Se detuvo en el puesto de guardabosques y explicó su situación.

—Si solo tuviera un día para explorar Yosemite, ¿qué haría?

El guarda miró al turista y le dijo: —Señor, si solo tuviera un día en Yosemite, me sentaría junto al río Merced y lloraría.[8]

Afortunadamente, no tendremos límite en la exploración de nuestro Creador y su universo.

«¡Oh, profundidad de las riquezas y de la sabiduría y del conocimiento de Dios! ¡Cuán insondables son sus juicios e inescrutables sus caminos!» (Ro 11:33, LBLA). No creas que alguna vez acabaremos nuestro estudio de Dios. Atributos infinitos nos esperan. Su gracia y su sabiduría nos asombrarán más y más y su perfección se verá cada vez más nítida. Nuestras mentes serán sanas, nuestra imaginación pura. No más lujuria, ni remordimientos, ni culpa. No más pensamientos inútiles. ¡Nuestra capacidad de atención se corresponderá con nuestra oportunidad de utilizarla!

Puesto que estamos hechos a imagen de nuestro Creador, crearemos. A veces el cielo nos perturba porque le tememos al aburrimiento. La tierra parece más interesante porque tiene actividad. ¿Quién pensaría que Dios tiene trabajo creativo para nosotros en el paraíso? ¿Y quién iba a pensar que Dios le daría trabajo a Adán? Pero lo hizo. Dios hizo desfilar aves y bestias ante él como si fuera un espectáculo del Día de Acción de Gracias; y Adán puso a funcionar su recién estrenado cerebro.

¿No podemos esperar hacer lo mismo? ¿Qué supones que están creando tus seres amados que han partido? ¿La puedes ver tarareando una nueva melodía? ¿Lo puedes imaginar diseñando un arco? ¿Creando la mejor partida de ajedrez, una acuarela impresionante o un poema asombroso?

El paraíso no está poblado por clones ignorantes ni espíritus lobotomizados, sino por santos curiosos, felices y... que oran. ¿De verdad? ¿Los santos en el cielo oran por los de la tierra? Creo que la respuesta es sí, por esta razón: Jesús ora (Ro 8:34), y nosotros seremos como él. En este momento, Cristo intercede por nosotros. «Cuando Cristo venga seremos semejantes a él, porque lo veremos tal como él es» (1 Jn 3:2, NVI).

Los habitantes del paraíso conforman la iglesia triunfante y la iglesia militante; triunfante en el sentido de victoria eterna, militante en el sentido de intercesión persistente. Ellos oran para que la justicia de Dios se cumpla y sus hijos sean preservados.

Ahora bien, ¿cómo hacen esto sin un cuerpo? El paraíso es ese tiempo en el que los cristianos están «ausentes del cuerpo, y presentes al Señor» (2 Co 5:8, RVR1960). Así que, si el cuerpo está en la tumba y el espíritu está en el paraíso, ¿cómo el espíritu actúa como un cuerpo?

Pablo ofrece una pista: «Mientras tanto, suspiramos anhelando ser revestidos de nuestra morada celestial» (2 Co 5:2, NVI). Pablo puede estar refiriéndose a la morada del cielo, o quizás al cuerpo que se nos dará para nuestro tiempo en el paraíso, no de carne y hueso puesto que la carne y la sangre no pueden heredar el reino (1 Co 15:50), pero ¿tal vez algún tipo de vehículo etéreo mientras esperamos nuestros cuerpos glorificados?

> El paraíso no está poblado por clones ignorantes ni espíritus lobotomizados, sino por santos curiosos, felices y... que oran.

Pensemos en la aparición de Moisés y Elías. Ellos se presentaron ante Jesús en el monte de la transfiguración «¡y qué aparición gloriosa! Hablaron sobre el éxodo, el que Jesús estaba a punto de completar en Jerusalén» (Lc 9:30-31, MSG). Moisés llevaba muerto mil doscientos años y Elías ochocientos. No obstante, se podían distinguir, reconocer, y eran capaces de comunicarse con Cristo respecto a las cosas por venir.

Los habitantes del paraíso disfrutan de un estado mucho mejor, pero aún incompleto. Anticipan el nuevo cielo y la nueva tierra, el cuerpo glorificado que recibirán en el rapto, y, esto puede sorprenderte, esperan la llegada del resto de los santos.

Podemos agradecer al autor del Libro de Hebreos por este punto. En el capítulo 11 destaca las vidas de Sara, Isaac, Jacob, Moisés y Rahab la ramera. Si tuviera más tiempo (palabras suyas, no mías), hubiera compartido las historias de Gedeón, Barac, Sansón, Jefté, David, Samuel y los profetas. «Debido a su fe, todas esas personas gozaron de una buena reputación, aunque ninguno recibió todo lo que Dios le había prometido» (He 11:39, NTV).

Esperamos que el versículo siguiente nos diga: «Ahora lo han recibido todo». Sin embargo, el escritor nos sorprende, incluso nos deja atónitos, al describir cómo los santos están esperando por el resto de nosotros. «Dios tenía un plan mejor para nosotros: que su fe y la nuestra se unieran para formar un todo, sus vidas de fe no estarían completas sin las nuestras» (He 11:40, MSG).

Esta última frase merece que la volvamos a leer. *Sus vidas no están completas sin las nuestras.* ¡Los santos están esperando que aparezcamos!

Si alguna vez has participado de la celebración de una fiesta familiar, sabes exactamente lo que esto significa. Soy el menor de cuatro hermanos. Cuando tuve edad suficiente para disfrutar de la Navidad, mis dos hermanas mayores ya tenían esposo y casa. El gran momento de la Navidad no era tanto la llegada de Papá Noel como la de mis hermanos. El sonido del auto en la entrada y las voces en la puerta eran grandes señales. ¡Estamos todos juntos de nuevo!

Mientras no esté un miembro de la familia, algo falta. Por maravilloso que sea el paraíso, no estará completo hasta que todos los hijos de Dios estén en casa.

La gran fiesta no empezará hasta que el último de nosotros cruce el río.

Los primeros padres de la iglesia abrazaron esta verdad. Cipriano (200-258 d. C.) escribió una carta a su amigo Cornelio, obispo de Roma. Ambos esperaban el martirio. El primero apeló al segundo: «Si uno de nosotros se va antes que el otro, que nuestro amor mutuo sea inquebrantable cuando estemos con el Señor; que nuestras oraciones por nuestros hermanos y hermanas sean incesantes».[9]

Charles Wesley expresó su afecto por la totalidad de la iglesia en su himno *Come, Let Us Join Our Friends Above* [Venid, unámonos a nuestros amigos de arriba]:[10]

Una familia habitamos en él,
Una iglesia, arriba, abajo,
Aunque ahora divididos por el arroyo,
El estrecho arroyo de la muerte:

Ahora, por fe, unimos nuestras manos
Con los que se fueron antes,
Y saludamos a los grupos rociados de sangre
*En la orilla eterna.**

Los santos en el cielo pueden alentar a los santos en la tierra. Nunca se nos enseña orar a ellos ni invocar su presencia, pero podemos estar seguros de que ellos oran por nosotros e invocan el poder de Dios en nuestra vida.

Al comienzo del siguiente capítulo, el autor de Hebreos exhorta: «Por lo tanto, ya que estamos rodeados por una enorme multitud de testigos de la vida de fe, quitémonos todo peso que nos impida correr, especialmente el pecado que tan fácilmente nos hace tropezar. Y corramos con perseverancia la carrera que Dios nos ha puesto por delante» (He 12:1, NTV).

El escritor imaginó un gran estadio de atletas espirituales. El graderío está lleno de Abrahames, Josés y Martas de todas las generaciones y naciones. Ellos han completado sus propias vidas y ahora son testigos de las carreras de sus descendientes espirituales, si no lo son también físicos.

¡Están vivos! No son fotos en una galería ni nombres en un libro, sino amantes de Dios en un estadio abarrotado que dan ánimo a los que corren en la pista.

Esto me alienta tanto. En la habitación contigua a la plataforma de nuestra iglesia hay colgado un cuadro de Ron DiCianni que se titula *La nube de testigos*. Representa a un serio predicador que sostiene una Biblia abierta y está rodeado por media docena de evangelistas de generaciones anteriores. Elías y sus pergaminos, Pablo y su pluma, están detrás del joven predicador mientras predica, y lo animan a seguir adelante. Cuando me acerco al púlpito, me gusta imaginarlos gritando mi nombre: «¡Dales el cielo, Max!».

---

* N. del T.: Traducción libre realizada para los fines de esta obra.

En este momento, a cada instante, millones de ojos amorosos te observan. «Por lo tanto, ya que estamos rodeados [...] corramos con perseverancia la carrera que Dios nos ha puesto por delante» (He 12:1, NTV).

¿Quiénes te animan a ti? Profesionales de la salud: ¿Los doctores de siglos pasados los aplauden? Maestros de escuela: ¿Podrían sentir el aliento de tutores, profesores e instructores que los han precedido? Agricultores, carpinteros, soldados: ¿Incluye la nube de testigos a sus compañeros de trabajo de otro continente y otra época?

En este momento, a cada instante, millones de ojos amorosos te observan. «Por lo tanto, ya que estamos rodeados [...] corramos con perseverancia la carrera que Dios nos ha puesto por delante» (He 12:1, NTV).

Escucha atentamente a la invitación que hace el pasaje y oirás a una inmensa multitud de la familia de Dios. Noé está entre ellos. También María, la madre de Jesús. Tu maestro de primaria grita tu nombre. También lo hace un tío que nunca conociste. ¿Oyes el apoyo de los creyentes del siglo I? ¿Y el de los mártires de las iglesias de hogar en China o el de los misioneros del siglo XVIII en África? Algunos de nosotros tenemos en el graderío a mamá y papá, un hermano o hermana, incluso a un hijo. Ellos forman parte de los habitantes del paraíso.

Si, por casualidad, este libro sobrevive a quien lo escribió, ten por seguro, querido lector, que te estaré alentando desde el paraíso. Si mis descendientes leen estas páginas: nietos y bisnietos, los animo a que levanten sus oídos hacia los cielos. ¡Desde allí grito sus nombres! ¡Aplaudo su fe! ¡Celebro sus vidas!

Ten la certeza de que Epicuro erró el tiro: la muerte no es el más temido de los males. Thomas Hobbes estaba equivocado: la muerte no es un salto en la oscuridad. Ted Williams fue un gran jugador de béisbol, pero su preparación para la muerte ni siquiera le permitió llegar a la primera base; la congelación humana no vencerá a la muerte.

Sin embargo, Dios puede y lo ha hecho. Porque Dios lo ha hecho, podemos morir con fe. Después de todo, ¿cuál es el inconveniente de la muerte? Para el creyente, no hay ninguno. Pregúntate: «¿Qué es lo peor que me puede hacer la muerte?». Luego lee y relee Romanos 8:35, 38-39. «¿Quién nos apartará del amor de Cristo? [...] ni la muerte ni la vida, ni los ángeles ni los demonios, ni lo presente ni lo por venir, ni los poderes, ni lo alto ni lo profundo, ni cosa alguna en toda la creación, podrá apartarnos del amor que Dios nos ha manifestado en Cristo Jesús nuestro Señor» (NVI).

Mi amigo Calvin Miller escribió:

Una vez desprecié todo pensamiento de temor sobre la
muerte,
Cuando no era más que el fin del pulso y el aliento,
Pero ahora mis ojos han visto más allá de ese dolor
Hay un mundo que espera ser reclamado.
Creador de la Tierra, Santo, déjame partir ahora,
Porque vivir es un arte temporal.
Y morir no es más que vestirse para Dios,
Nuestras tumbas no son más que portales de césped.[11]

Linvel Baker se haría eco de ese pensamiento. Predicó durante cuarenta años en las pequeñas ciudades de Texas. Todos los que lo conocían lo amaban. Sus últimos años trajeron consigo algunos problemas de salud: un par de eventos cardíacos menores; un reemplazo de una válvula del corazón; un grave ataque de COVID. Decidió jubilarse a los sesenta y cinco años.

Pasó su último día en la tierra en su recién adquirida finca de ciento cincuenta acres (unas sesenta hectáreas) aún sin trabajar. Él y su hermano Lauris hicieron lo que tantas veces habían hecho en su juventud: lanzaron piedras, dispararon a sandías y hablaron de la vida. Al ponerse el sol, Lauris se marchó a casa y dejó a Linvel solo.

Nadie sabe con certeza lo que ocurrió después, pero al reconstruir los detalles del informe médico y la evaluación de la policía, fue más o menos así.

Linvel tuvo un ataque cardiaco. Conocía los síntomas. También sabía que no había tiempo para que los socorristas llegaran. Dejó el teléfono móvil y, no hay dudas de que, apretándose el pecho, llegó a tropezones a la cima de la colina donde él y su esposa, Shirley, habían planeado construir su residencia de ancianos. Se sentó cerca de un bosquecillo de robles y se quitó las botas. Se tumbó en el suelo con los brazos extendidos y el rostro hacia el cielo, y murió.

Su yerno lo encontró con «la paz dibujada en su rostro».[12]

Quienes conocían bien a Linvel no se sorprendieron de sus actos finales. Como Moisés ante la zarza ardiente, Linvel comprendió que estaba a punto de pisar tierra santa. Así que se quitó las botas y entró al paraíso. Así es como muere un buen hombre.

¿No te gustaría morir así?

CAPÍTULO 7

El rebelde y el rescate

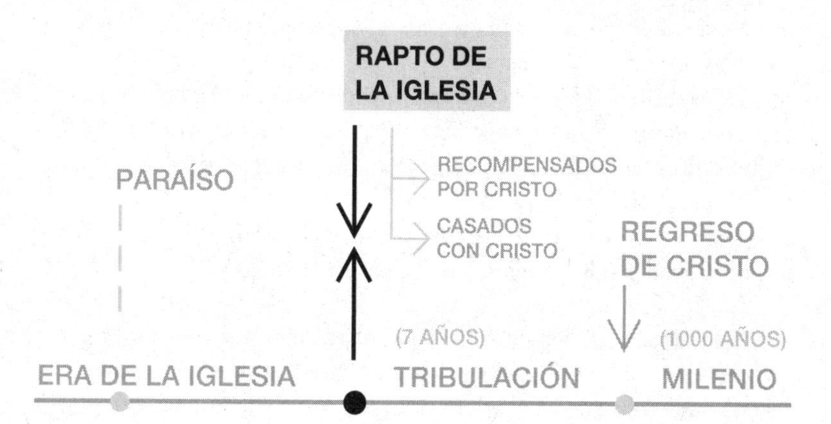

LA FECHA DEL 11 DE SEPTIEMBRE (9/11) despierta un avispero de recuerdos. Los que tenemos edad suficiente para rememorar los atentados de ese día lo hacemos de manera muy vívida. Dos aviones se estrellaron contra dos torres en Nueva York; otro avión se incendió en un campo de Pensilvania. El Pentágono ardía. Neoyorquinos cubiertos de cenizas se precipitaban de un lado a otro. Los heroicos bomberos corrían.

Se suspendieron los vuelos. Se interrumpieron los trabajos. El ejército se puso en alerta máxima. Parecía que el mundo se había convertido en un caos.

Yo estaba en mi oficina de la iglesia ese martes. Apenas me había acomodado en el escritorio cuando Karen, mi asistente, abrió la puerta de golpe y anunció: «¡Tienes que ver lo que está sucediendo!». Corrimos por el pasillo hasta un televisor y observamos en silencio cómo se derrumbaba la primera torre, luego la segunda.

Nadie sabía qué pensar. *¿Estamos en guerra? ¿Hay otros aviones a punto de estrellarse en otras ciudades?* No teníamos ni idea.

Sin embargo, a pesar de todo lo que no sabía, había una cosa de la que estaba completamente seguro; así que me puse manos a la obra.

Llamé a Denalyn y le conté mi plan. Ella estuvo de acuerdo conmigo. Se subió a su auto y yo al mío. Ambos nos dirigimos a las escuelas cercanas donde estudiaban nuestras hijas.

No me molesté en pedir permiso. Pasé junto a la oficina de la dirección y caminé directo hacia el aula de sexto grado. La maestra me vio de pie junto a la puerta y dedujo el motivo de mi presencia.

«Sara —le indicó—, ve con tu padre». Sara tomó su mochila y obedeció. Mientras tanto, en otro edificio, Denalyn hacía lo mismo con nuestras otras dos hijas mayores.

Unos minutos después estábamos todos en casa. Quería que estuviéramos juntos. Se avecinaba algo terrible, y nuestras hijas no podían enfrentarlo solas. Así que las secuestramos. Las arrebatamos.

Las *jarpazonamos*.

Jarpázo: Esta es la palabra griega que Pablo utilizó para describir el próximo gran acontecimiento en el calendario de Dios.

> Conforme a lo dicho por el Señor, afirmamos que nosotros, los que estemos vivos y hayamos quedado hasta la venida del Señor, de ninguna manera nos adelantaremos a los que hayan muerto. El Señor mismo descenderá del cielo con voz de mando, con voz de arcángel y con trompeta de Dios, y los muertos en Cristo resucitarán primero. Luego los que estemos vivos, los que hayamos quedado, seremos arrebatados *[jarpázo]* junto con ellos en las nubes para encontrarnos con el Señor en el aire. Y así estaremos con el Señor para siempre. Por lo tanto, anímense unos a otros con estas palabras. (1 Ts 4:15-18, NVI)

El verbo *jarpázo* se traduce al español como «arrebatar o quitar (a la fuerza o por sorpresa)»; proviene del latín *rapere*, que llegó a la lengua española como «rapto». El vocablo describe un milagro en extremo misterioso, un instante en el que los creyentes vivos serán transformados súbitamente en sus cuerpos de resurrección y elevados al cielo para encontrarse con Jesús. Los cuerpos de los creyentes muertos serán resucitados y reunidos con sus espíritus. Los mortales adquirirán inmortalidad. Ambos grupos serán «arrebatados»[1] para encontrarse con Cristo en el aire y serán llevados al paraíso.

Un pensamiento conmovedor ¿no te parece? Una generación de cristianos se librará del cementerio. Serán los Elías y Enoc modernos. Elías fue arrebatado en un carro de fuego (2 R 2:11). Enoc nunca murió (He 11:5). No hubo último aliento ni muerte. Simplemente un momento aquí y el próximo allá.

Lo que yo hice por mis hijas, Dios lo hará por sus hijos. Él vendrá por su familia. Pero ¿por qué? ¿Qué propósito tiene el rapto? ¿Cómo puedo creer que eso ocurrirá?

La profecía que revisamos en el capítulo 4 nos ofrece parte de la respuesta. El ángel Gabriel le declaró a Daniel: «El gobernante firmará un tratado con el pueblo por un período de un conjunto de siete [siete años], pero al cumplirse la mitad de ese tiempo, pondrá fin a los sacrificios y a las ofrendas. Como punto culminante de todos sus terribles actos, colocará un objeto sacrílego que causa profanación hasta que el destino decretado para este profanador finalmente caiga sobre él» (Dn 9:27, NTV).

Acabas de leer una de las primeras referencias de la Biblia a un período de severa tribulación; siete años en los que el mundo entero sentirá la opresión de un gobernante malvado. Gabriel lo llama «el profanador». Él deja claro que:

Un tipo malo vendrá

Anticristo es el nombre más utilizado para referirse a este canalla. Él es, casi literalmente, *anti*-Cristo. Es *anti*salvación, *anti*esperanza, *anti*perdón y *anti*verdad. *Anti* también puede significar «en lugar de». Este líder malvado querrá que la gente lo adore a él en lugar de a Jesús.

Más de cien pasajes de las Escrituras aluden a él.[2] Ellos describen el origen, el carácter, la carrera, la conquista y el destino de este último gobernante mundial. Es evidente que Dios quiere que su pueblo conozca algo sobre este príncipe de las tinieblas. Gabriel se lo describe a Daniel con estas palabras:

> ... cuando la rebelión de los impíos llegue al colmo, surgirá un rey de aspecto feroz, maestro de la intriga, que llegará a tener mucho poder, pero no por sí mismo. Ese rey causará impresionantes destrozos y saldrá airoso en todo lo que emprenda. Destruirá a los poderosos y al pueblo santo. Con su astucia propagará el engaño, creyéndose un ser superior. Destruirá a mucha gente que creía estar segura, y se enfrentará al Príncipe de los príncipes, pero será destruido sin intervención humana. (Dn 8:23-25, NVI)

Este párrafo parece un índice de la biografía del anticristo.

Vendrá «cuando la rebelión de los impíos llegue al colmo». Algo desencadenará un tsunami de maldad. Durante una época de inmoralidad, depravación, crueldad y terrorismo, el anticristo aparecerá en el escenario mundial. El término para esta etapa de anarquía es «la tribulación». ¿Estamos en esa etapa del mal? Todavía no. Pero al parecer está cerca.

El anticristo será «un rey de aspecto feroz, maestro de la intriga». Tendrá un aire intimidante. Ominoso y pomposo; lleno de la plenitud de Satanás. Elegante, superdotado, encantador. Quizás sus ojos serán brillantes y oscuros o su mandíbula fuerte y desafiante. Será el *maestro de la intriga*. Es decir, será perspicaz y astuto; puede significar que trafica en el mundo de lo oculto.[3]

En el Libro de Apocalipsis, Juan declara que el anticristo tendrá boca de león (13:2), lo que significa que llamará la atención con su voz. Fascinará al mundo con sus palabras arrogantes. Será un orador que cautiva las almas, que hipnotiza con su astucia y lenguaje. Incluso afirmará ser Dios.

«Llegará a tener mucho poder, pero no por sí mismo». El anticristo es el representante del diablo. Así como Satanás entró en Judas el día de la traición, así entrará en esta persona (Jn 13:27 y Ap 13:2).

Saldrá a la luz como un gran pacificador. «El gobernante firmará un tratado con el pueblo por un período de un conjunto de siete [años]» (Dn 9:27, NTV). La rama de olivo será su regalo. Negociará un tratado de siete años con la nación de Israel y será celebrado como un gran diplomático. Sin embargo, a mitad del tratado, lo romperá y se desatará el infierno.

«Ese rey causará impresionantes destrozos y saldrá airoso en todo lo que emprenda». Los capítulos del seis al diecinueve de

Apocalipsis describen en detalle lo que sucederá durante la opresión del anticristo. Esos pasajes hacen referencia al hambre, la muerte y los disturbios cósmicos. J. Dwight Pentecost escribió estas aleccionadoras palabras: «No se puede encontrar ningún pasaje que alivie en grado alguno la severidad de este tiempo que vendrá sobre la tierra».[4]

«Destruirá a los poderosos y al pueblo santo». Las personas que encuentren fe durante la tribulación serán atacadas. Además, el remanente judío sentirá toda la fuerza de su ira antisemita.

El anticristo hará que «prospere el engaño». Bajo su liderazgo, el engaño y la deshonestidad serán la norma.

«Destruirá a mucha gente que creía estar segura, y se enfrentará al Príncipe de los príncipes, pero será destruido sin intervención humana». La gran noticia: el anticristo será destruido al final. La mala noticia: el mundo debe verlo primero.

Mezcla los espíritus pútridos de Stalin, Hitler, Pol Pot, Mao Tse-Tung e Idi Amin con cada gobernante arrogante de la historia y tendrás un atisbo del anticristo en sus días buenos. Con razón Jesús advirtió a la generación de la tribulación: «Ahora bien, cuando vean a Jerusalén rodeada de ejércitos, sepan que su destrucción ya está cerca. Entonces los que estén en Judea huyan a las montañas, los que estén en la ciudad salgan de ella, y los que estén en el campo no entren en la ciudad. Ese será el tiempo del juicio cuando se cumplirá todo lo que está escrito» (Lc 21:20-22, NVI).

Sé lo que estás pensando: *Max, ¡me siento tan inspirado! Gracias por este maravilloso capítulo. Toda esta descripción del anticristo, el mal, la destrucción total; estoy listo para enfrentar mi día.*

Lo sé, es deprimente. Estoy describiendo el capítulo más oscuro de la historia humana. Sin embargo, no he terminado; aún no te he contado las buenas noticias. ¡Y vaya que tengo buenas noticias para compartir!

¿La tribulación? Va a llegar. ¿El secuaz de Satanás? Será peor de lo que alguien pueda imaginar. Sin embargo, ¿cuáles son las maravillosas noticias? Si estás en Cristo, no tendrás que enfrentarlo. Pues cuando él llegue, tú ya te habrás ido. Un tipo malo viene, pero antes de que llegue...

Todos los creyentes se irán

De la misma manera que Denalyn y yo protegimos a nuestras hijas del problema inminente, Jesús nos *jarpazonará*.

> El Señor mismo descenderá del cielo con voz de mando, con voz de arcángel y con trompeta de Dios, y los muertos en Cristo resucitarán primero. Luego los que estemos vivos, los que hayamos quedado, seremos arrebatados junto con ellos en las nubes para encontrarnos con el Señor en el aire. Y así estaremos con el Señor para siempre. Por lo tanto, anímense unos a otros con estas palabras. (1 Ts 4:16-18, NVI)

A la señal de Cristo, los cristianos serán llevados a su presencia. Este rescate puede suceder en cualquier momento. Se activará al finalizar la era de la iglesia o, como Pablo escribió, cuando «haya entrado la totalidad de los no judíos» (Ro 11:25, NVI; ver también Lc 21:24). Dios conoce el nombre de cada persona que será salva. En mi imaginación veo a uno de los ángeles de pie junto al libro de la vida, y chequea nombre por nombre hasta que se complete «la totalidad» del rebaño de Dios. En ese momento tendrá lugar la mayor evacuación de la historia.

El Señor vendrá con «voz de mando». Esta es una expresión griega clásica *(kéleuma)* utilizada para describir a un general cuando se dirige a su ejército, a un almirante cuando le habla a su flota, a un cochero al conducir sus caballos.[5] Cada uno da sus órdenes con autoridad. Cristo hará lo mismo.

A su lado estará el arcángel. La única figura identificada en la Biblia como arcángel es Miguel. Siempre se representa como el gran enemigo de Satanás. Él es quien declara: «Ahora ha venido la salvación, el poder, y el reino de nuestro Dios, y la autoridad de su Cristo» (Ap 12:10, RVR1960). Oiremos la voz de Miguel en el rapto.

También escucharemos una trompeta.

En los días del Imperio romano, los soldados aprendieron a responder a tres tipos de trompeta. La primera incitaba a las tropas a levantarse y recoger sus tiendas. La segunda trompeta anunciaba que era hora de ponerse en fila. La tercera era la señal para marchar. Esta es la última trompeta.

Cristo dará la señal para que marchemos, ya sea fuera de la tumba o de la tierra, y «así estaremos con el Señor para siempre».

Imaginar el rapto me recuerda un trabajo que tuve durante las vacaciones de Navidad mientras estudiaba en la universidad. Trabajé en un taller mecánico; una de mis tareas era barrer el piso al final del día. Mi recogedor se llenaba de basura, suciedad, virutas de madera y desperdicios variados; aquel montón también incluía una colección aleatoria de clavos, tuercas, pernos y tornillos que los maquinistas podrían necesitar. Separar lo bueno de lo malo era fácil; bastaba con pasar un imán por encima de la basura. Todos los objetos que tuvieran las mismas propiedades que el imán salían de la caja y se adherían a él. Todo lo demás se quedaba en el recogedor.

El rapto tendrá un efecto similar. Jesús aparecerá en el cielo, y todos los que comparten su naturaleza, que albergan su Espíritu, que tienen en su interior la presencia de Cristo, serán arrebatados por su magnetismo para encontrarse con él en el aire.

Jesús dijo: «Os digo que en aquella noche estarán dos en una cama; el uno será tomado, y el otro será dejado. Dos mujeres estarán moliendo juntas; la una será tomada, y la otra dejada» (Lc 17:34-35, RVR1960).

Una traducción moderna de ese pasaje diría: dos personas estarán tomando café en una cafetería; una será tomada y la otra dejada. Dos personas estarán viendo una película; a una se la llevarán y a la otra la dejarán.

Cuando veamos a Jesús, «transformará el cuerpo de la humillación nuestra, para que sea semejante al cuerpo de la gloria suya» (Fil 3:21, RVR1960). Adiós cáncer, adiós deformidad. Bienvenida sanidad, renovación y restauración.

En 1684, el presbiteriano escocés Robert Baillie supo que sería ahorcado por su fe; y luego descuartizado. En alusión a Filipenses 3:21, Baillie respondió: «Pueden cortar y trocear mi cuerpo como quieran, pero estoy seguro de que nada se perderá, sino que todos mis miembros serán reunidos de forma extraordinaria y hechos semejantes al cuerpo glorioso de Cristo».[6]

En el rapto, los cuerpos de los cristianos serán resucitados y restituidos para parecerse al cuerpo resucitado de nuestro Señor. Cuando Jesús resucitó en Pascua, tomó un cuerpo que era el prototipo del que tendremos por toda la eternidad.

Su cuerpo glorificado era como el que tenía antes de la crucifixión. Podía tocar y ser tocado. Comía y bebía. Sin embargo, también

Jesús aparecerá en el cielo, y todos los que comparten su naturaleza, que albergan su Espíritu, que tienen en su interior la presencia de Cristo, serán arrebatados por su magnetismo para encontrarse con él en el aire.

atravesaba paredes y se apareció en diferentes lugares sin ningún medio de transporte visible. Y lo más significativo: ascendió al paraíso.

Nosotros haremos lo mismo.

El padre de Matthew Robison imaginaba un milagro semejante cuando encargó la lápida de su hijo. La estatua de piedra representa la figura de un niño que se levanta de una silla de ruedas, con los brazos extendidos hacia el cielo. Privado de oxígeno al nacer, Matthew pasó sus cortos once años casi ciego y paralizado. Sin embargo él, y muchos otros como él, ascenderán para encontrarse con Cristo en un cuerpo nuevo.[7]

¡Este será un momento de milagros! Serán respondidas todas las oraciones de sanidad. Se resolverá el enigma de cómo interpretar la promesa de cheque en blanco de Jesús: «... todo cuanto pidiereis al Padre en mi nombre, os lo dará» (Jn 16:23-24, RVR1960). Él quiere decir exactamente eso. No es una promesa exagerada. No hay que dar explicaciones ni hay que suavizarla. Solo tenemos que esperar. Es simplemente cuestión de tiempo.

Este llamado incluye a todos los hijos de Dios que fueron concebidos, pero nunca respiraron fuera del vientre materno. Los abortos espontáneos se llevaron a muchos. Los abortos voluntarios también. Cristo los reclamará a todos. ¿No son ellos su creación? ¿No tiene él poder sobre la vida y la muerte? Ellos vivirán en cuerpos glorificados.

Esta población del rapto incluye a los niños que nunca alcanzaron la edad suficiente para dar cuentas de sus actos. Carecían de madurez para decidir a favor o en contra de Cristo. Ellos están a salvo bajo su cuidado. Así también las personas que no tenían la capacidad mental para comprender la invitación a la salvación. Ellos recibirán cerebros nuevos.

Esta resurrección de los justos ocurrirá «en un momento, en un abrir y cerrar de ojos» (1 Co 15:52, RVR1960). La palabra griega que se usa para *momento* es *atomos*, de la cual proviene nuestra palabra *átomo*. Así como el átomo es de pequeño, así será este acontecimiento de rápido. Sucederá «en un abrir y cerrar de ojos». ¿Cuánto dura un abrir y cerrar de ojos? Es demasiado rápido para medirlo. Ese es el tiempo que Jesús necesita para reunir a su iglesia.

¿Cuándo tendrá lugar el rapto? Algunos estudiosos de la Biblia sitúan el rapto durante la tribulación, otros después de ella. Parece mejor colocarlo antes de los años de angustia. Digo esto por varias razones.

En primer lugar, Jesús comparó este momento con los rescates de Noé y Lot (Mt 24:37-39, Lc 17:28-37). Noé no sintió las gotas de lluvia. Lot no sintió el azufre. De la misma manera, creo que Jesús librará a su iglesia, y no sentiremos la maldad del anticristo.

En segundo lugar, Pablo nos exhortó a «animarnos unos a otros» (1 Ts 4:18). ¿Cómo podemos animarnos si vamos a enfrentar al anticristo y la tribulación? Si así fuera, Pablo hubiera escrito: «Adviértanse unos a otros». Pero no lo hizo. El rapto de la iglesia es un motivo de consuelo y seguridad. Sí, un tipo malo viene, pero sí, la iglesia se irá. Por tanto, anímense.*

Después del rapto ¿qué nos sucederá? Te va a encantar la respuesta a esta pregunta. Después de ir por mis hijas aquel 11 de septiembre, ellas disfrutaron de un día de vacaciones y chocolate caliente. Jesús promete una boda y un banquete y la más grandiosa ceremonia de premiación de la historia. Sin embargo, ese es un tema para los próximos dos capítulos.

Se me ocurre pensar en lo extraño que puede sonar esta enseñanza. Qué predicción tan alocada del futuro: La repentina ascensión de los santos. El consiguiente colapso de la sociedad. La aparición de un líder del infierno semejante a Palpatine. *¿Me estás tomando el pelo? Una persona tendría que estar loca para creer tal pensamiento. Eso es lo más descabellado que alguna vez haya oído.*

Entiendo tu razonamiento. Suena ilusorio. No obstante, antes de que descartes el rapto, recuerda: así es como nuestro Dios obra. ¿No inundó la tierra con un diluvio? ¿No derribó los muros de Jericó? ¿No convirtió el mar Rojo en una alfombra roja para que los hebreos pudieran escapar de la esclavitud? Plagas cayeron sobre Egipto en los días de Moisés. Fuego cayó sobre el monte Carmelo en los días de Elías.

Dios es el Dios de las interrupciones divinas, de las sorpresas santas. ¿Quién podría haber imaginado que Dios viviría en la tierra? Sin embargo, él vino. ¿Quién podría haber previsto a Dios colgado en una cruz? No obstante, él murió. ¿Quién podría haber pensado en la tumba vacía? Pero resucitó. Él interviene de maneras poderosas y milagrosas.

Lo ha hecho antes.

---

* Consulta el Material adicional, p. 197, para conocer más razones para situar el rapto antes de la tribulación.

Lo hará de nuevo.

Mientras tanto, mantén tu mirada hacia el cielo. Vive de tal manera que Cristo te halle esperándolo fielmente. «Por lo tanto, deben estar listos, porque no saben cuándo vendrá el Señor» (Mt 24:42, NBV).

Un turista visitó una bella mansión en Suiza. Se quedó atónito ante los jardines; no había maleza por ninguna parte. Al ver al jardinero, le preguntó:

—¿Cuánto tiempo llevas trabajando aquí?

—Veinte años —fue la respuesta.

—¿Vive aquí el dueño?

—No. En todos estos años solo lo he visto cuatro veces.

—Debe estar agradecido. Cuidas las tierras como si esperaras que regrese mañana.

—Oh, no. Las cuido como si esperara que regrese hoy.[8]

Hagamos lo mismo. Por lo que sabemos, nuestro Señor hará exactamente eso.

CAPÍTULO 8

Coronados por Cristo

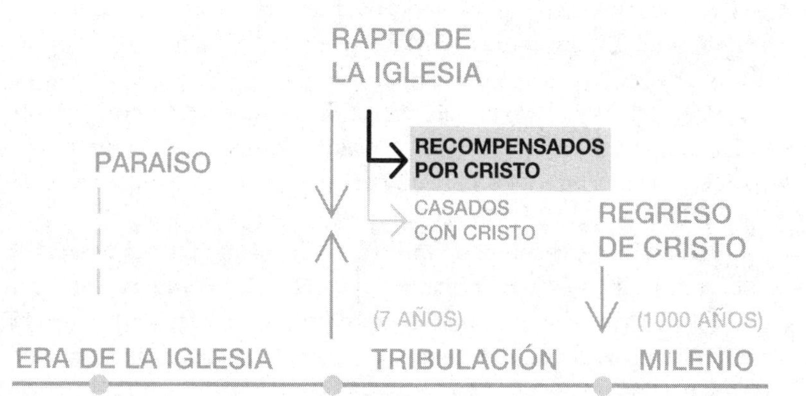

MILLONES DE PERSONAS VIERON la coronación del rey Carlos III el 6 de mayo de 2023. El soberano fue coronado junto a Camila, la reina consorte, en la Abadía de Westminster. Las festividades duraron tres días. Los bares y los pubs permanecieron abiertos dos horas extras cada día e Inglaterra conmemoró el día de la coronación como un festejo nacional con fiestas y conciertos en las calles.

Gran Bretaña desembolsó un estimado de $ 125 millones para la ocasión.

El monarca fue ungido en manos, pecho y cabeza con aceite de crisma elaborado en Jerusalén con aceitunas del monte de los Olivos. Durante la ceremonia, él se vistió con un traje blanco puro y la «Súpertúnica», una capa de seda dorada de cuerpo entero.

Fue coronado con la corona de San Eduardo, un tocado de oro macizo que data de 1661, adornada con más de 400 piedras preciosas, incluyendo rubíes y zafiros. Desde bases militares de todo el Reino Unido se dispararon salvas de artillería y se invitó al público británico a hacer una promesa de lealtad a la corona: «Juro que rendiré lealtad sincera a su majestad, y a sus herederos y sucesores. Que Dios me ayude». A continuación, hubo procesiones y saludos reales, tres hurras y un sobrevuelo con más de sesenta aviones».[1]

Una gran algarabía.

Sin embargo, ¡en comparación con la ceremonia que Dios tiene planeada para ti, esta fue una del movimiento de niños exploradores!

Hay una coronación en tu futuro. No será en la Abadía de Westminster, sino en el paraíso. No estará presidida por el arzobispo de Canterbury, sino por Jesús. ¿Sorprendido? ¿Renuente? ¿Te incomoda pensar que Cristo te coronará? Mantén ese pensamiento y exploremos el contexto.

Para este momento, ya habremos sido sacados de la tierra y escoltados a la presencia de nuestro Salvador. Jesús habrá cumplido la promesa: «Regresaré y los buscaré para que puedan vivir donde vivo» (Jn 14:3, MSG).

Millones, quizás miles de millones de personas habrán desaparecido. Las tumbas estarán vacías; los que rechazaron a Dios caerán en una fosa de violencia y caos. En algún punto, un déspota prometerá restaurar la paz; firmará un tratado con Israel y comenzarán siete años de tribulación.

Por fortuna, no estaremos presentes para ver esto. Podemos estar eternamente agradecidos por «Jesús», quien «nos libra del castigo venidero» (1 Ts 1:10, NVI).

Cuando el caos se desate abajo, la celebración habrá comenzado arriba.

Jesús te honrará

La Biblia habla de una ceremonia de premiación que tendrá lugar en el paraíso justo después del rapto de la iglesia. A este acontecimiento se le llama «el tribunal de Cristo».

> ¡Todos tendremos que comparecer ante el tribunal de Dios! (Ro 14:10, NVI)

> Por eso nos empeñamos en agradarle, ya sea que vivamos en nuestro cuerpo o que lo hayamos dejado. Porque es necesario que todos comparezcamos ante el tribunal de Cristo para que cada uno reciba lo que le corresponda, según lo bueno o malo que haya hecho mientras vivió en el cuerpo. (2 Co 5:9-10, NVI)

La palabra griega que se traduce como «tribunal» es *béma*, y no se trata de un juicio para determinar si somos inocentes o culpables, si somos salvos o estamos perdidos, pues esto se define durante nuestra vida en la tierra. «El que cree en él no es condenado, pero el que no cree ya está condenado por no haber creído en el nombre del Hijo único de Dios» (Jn 3:18, NVI).

El *béma* o tribunal no es sobre nuestra salvación, sino que se trata de reconocimiento. La salvación se basa en la obra de Jesús por nosotros. El reconocimiento depende de nuestra labor por él. Nuestras obras no contribuyen a nuestra salvación, ni un ápice, porque la salvación es un regalo. No obstante, ellas tributan a nuestra recompensa.

El apóstol Pablo utilizó una imagen familiar para esta enseñanza. En los juegos griegos, después de cada competencia, los jugadores se presentaban ante el *béma*, un asiento elevado donde se sentaba el juez o el emperador. Allí el ganador recibía la corona, el laurel o la recompensa. Los que no ganaban la carrera no eran castigados ni expulsados; simplemente no recibían reconocimiento.

Así será en el tribunal de Cristo. Todos los creyentes serán salvados por igual, pero no todos serán recompensados de la misma manera. De hecho, algunos cristianos no recibirán ninguna recompensa. Pablo describió las obras de algunos como «madera, heno y hojarasca» (1 Co 3:12, RVR1995). Cuando sean probadas por el fuego, estas obras no sobrevivirán.

> El día del juicio se sabrá qué material han empleado los constructores. Cada obra será pasada por fuego, para que se sepa la calidad del trabajo de cada uno. Si lo que alguien ha edificado es perdurable, recibirá su recompensa. Pero si a su obra el fuego la consume, el

La salvación se basa en la obra de Jesús por nosotros. El reconocimiento depende de nuestra labor por él. Nuestras obras no contribuyen a nuestra salvación, ni un ápice, porque la salvación es un regalo. No obstante, ellas tributan a nuestra recompensa.

> constructor sufrirá una gran pérdida. Se salvará, sí, pero como quien escapa del fuego. (1 Co 3:13-15, NBV)

¿Qué quiso decir Pablo al afirmar: «Se salvará, sí, pero como quien escapa del fuego»? Se podría decir: «Se salvará por los pelos».

Hace algunos años me llamaron al hospital a ver a un hombre moribundo. Tenía fama de mala persona; organizaba fiestas en su lujosa mansión que habrían ruborizado a una estrella porno, con mujeres, bebida y juego. El tipo había hecho de todo.

Cuando el médico le dijo que pusiera en orden sus asuntos porque iba a morir, él me llamó. El hombre que vi tendido en aquella cama era el cascarón de lo que una vez fue. La enfermedad se había llevado su arrogancia. La perspectiva de la muerte lo había hecho reflexionar. Quería ser cristiano.

Cuando terminó nuestra conversación, él le había pedido perdón a Jesús. Para el momento en que llegué a mi casa, él ya estaba en la presencia del Señor.

Estoy seguro de que es salvo por la gracia de Dios.

Sin embargo, esta persona podría ser una de esas que se presentarán ante el *béma* sin nada en las manos; ningún trofeo de amor que poner a los pies de su Señor.

A cada uno Dios nos presta tiempo, talento y tesoros. La manera en que los usamos determina nuestro reconocimiento. Que recibir las coronas sea nuestra meta.

Nuestra cultura americana tiene poco o nada que ver con coronas. Nosotros presentamos a nuestros líderes, no los coronamos. (Aunque en cierto sentido nos gustaría coronar a algunos de ellos).

No obstante, aunque seamos una sociedad sin coronas, entendemos esto: un rey o una reina no podrían dar mayor honor que una corona. La diadema es más que un sombrero adornado con joyas. Se trata de un alto aval. Si eres coronado, entonces el poder supremo de la tierra te ha dado un lugar en su mesa, una habitación en su castillo, incluso un trono a su lado. Ser coronado es ser honrado, aplaudido, y lo más importante, ser bendecido.

De hecho, la Biblia intercambia la palabra *corona* con *bendición*. Las epístolas hablan de ser coronado, Jesús habla de ser bendecido. «¡Benditos serán si a mi regreso los encuentro cumpliendo fielmente con su deber!» (Mt 24:46, NBV).

La palabra hebrea para *bendecir* es muy rica. Literalmente significa «arrodillarse».[2] El vocablo se usaba al mostrar reverencia y admiración hacia un individuo. Otras palabras similares son *honrar*, *avalar* y *estimar*. La acción es mucho más que una palmadita en la espalda o un elogio rutinario: ¡buen trabajo!, más bien es un momento en el que eres acreditado por el líder más importante de tu vida. Esto es exactamente lo que Dios hizo con Abraham cuando le prometió: «Haré de ti una nación grande y te bendeciré» (Gn 12:2, NVI).

Lucas concluye su evangelio con estas palabras: «Después los llevó Jesús hasta Betania; allí alzó las manos y los bendijo. Sucedió que, mientras los bendecía, se alejó de ellos y fue llevado al cielo» (Lc 24:50-51, NVI).

Ser bendecido es ser validado. Incluso hoy, en partes de Brasil, los hijos no salen de su casa sin la bendición de sus padres. Al cruzar la puerta preguntan: «*Bençāo, Papai?*» o «¿Bendición, padre?». ¿Qué están pidiendo? Buscan validación de la persona más importante de su vida: su papá; no quieren salir de casa sin su aprobación.

¿Quién lo haría? Dentro de cada uno de nosotros está el anhelo de complacer a nuestro papá.

Quizás nunca tuviste la bendición de tu padre. Tal vez has vivido tu vida en desolación, sin nunca saber lo que él sentía por ti. Si es así, tú, más que nadie, atesorarás el momento en el cielo en que tu Padre celestial te bendiga.

Y sabemos lo que te dará. En el juicio se repartirán coronas.

El Nuevo Testamento hace referencia a dos tipos de coronas. Una la llevan los gobernantes. La otra está reservada para a los vencedores. Los escritores del Nuevo testamento emplearon esta metáfora. (Piensa en las antiguos Juegos Olímpicos griegos). En el siglo I, los atletas recibían un laurel de vides entretejidas y apio silvestre marchito; con razón Pablo la llamó una «corona corruptible». En cambio, nosotros recibiremos coronas incorruptibles en el paraíso (1 Co 9:25, RVR1995).

A los trece años, participé en una competencia de lanzamiento de disco. Quedé en séptimo lugar. Dado el tamaño de nuestra pequeña escuela, no podían haber más de nueve o diez participantes. Los tres primeros recibieron medallas. Los siete primeros entraban dentro de la lista de ganadores. ¡Me sentí tan orgulloso de ver mi nombre en la lista! Séptimo puesto y presumí como todo un pavo real.

Imagina cómo nos sentiremos cuando el Creador del universo nos ponga una corona en nuestra cabeza.

La Escritura menciona cinco coronas. Conviene probar el ajuste de cada una.

La corona del dominio propio

«Todos los deportistas se entrenan con mucha disciplina. Ellos lo hacen para obtener una corona que se echa a perder; nosotros, en cambio, por una que dura para siempre» (1 Co 9:25, NVI).

Jesús aplaudirá nuestra «disciplina». La vida está llena de tentaciones. El Espíritu de Dios nos ayuda a ti y a mí a rechazar los deseos de la carne. ¿Estás batallando con el alcohol? ¿Luchas con la lujuria? ¿Sientes la tentación maliciosa de comer en exceso, de gastar más de la cuenta, de ser demasiado consentido? Tu Señor conoce tu desafío y recompensará tu diligencia.

La corona de la influencia

«Después de todo, ¿qué es lo que nos da esperanza y alegría?, ¿y cuál será nuestra orgullosa recompensa y corona al estar delante del Señor Jesús cuando él regrese? ¡Son ustedes!» (1 Ts 2:19, NTV).

Tú oras por un vecino. Envías dinero a un campo misionero. Estás esforzándote al máximo por ser un buen ejemplo para tus hijos. Jesús aplaudirá tu influencia positiva en otros. Imagina el momento en que veas a ese vecino o conozcas a la persona de la misión que ayudaste a fundar. Imagina el abrazo que sentirás de tu hijo o hija. ¡Qué corona!

Hay más.

La corona de la vida

«Dichoso el que resiste la tentación porque, al salir aprobado, recibirá la corona de la vida que el Señor ha prometido a quienes lo aman» (Stg 1:12, NVI).

En la Biblia, una tentación es una prueba que purifica y prepara el corazón. Así como el fuego refina el metal precioso de la escoria y las impurezas, la prueba purifica el corazón de lo mismo. Uno de los salmistas escribió:

> Tú, oh Dios, nos has puesto a prueba;
> nos has purificado como a la plata.

> Nos has hecho caer en una trampa;
> has echado sobre nuestra espalda una pesada carga.
> Dejaste que cabalgaran sobre nuestra cabeza;
> hemos pasado por el fuego y por el agua,
> pero al fin nos has llevado a un lugar de abundancia.
> (Sal 66:10-12, NVI)

Quizás sientes que toda tu vida ha sido una prueba. Has estado entrando y saliendo de hospitales, de hogares de acogida, de centros de tratamiento, de la quimioterapia, de la solvencia. Sin embargo, a pesar de todo, te niegas a rendirte. Cristo te bendecirá.

Y para todos los que anhelan su venida, él da...

La corona de la justicia

«He peleado la buena batalla, he acabado la carrera, he guardado la fe. Por lo demás, me está guardada la corona de justicia, la cual me dará el Señor, juez justo, en aquel día; y no solo a mí, sino también a todos los que aman su venida» (2 Ti 4:7-8, RVR1960).

Cuando mis tres hijas estaban en edad preescolar e incluso menos, vivíamos en una casa que tenía una ventana alta y estrecha junto a la puerta principal. De vez en cuando era común que estuviera manchada con huellas dactilares y con marcas de narices. Denalyn les decía a las niñas que yo estaba de camino a casa, y ellas corrían a la ventana y esperaban. Se apiñaban unas junto a otras, emocionadas y ansiosas por mi regreso.

Dios recompensa a los que sienten el mismo anhelo por él: «a todos los que aman su venida» (2 Ti 4:8, RVR1960). Pídele al Espíritu de Dios que te dé anhelo por su venida. Serás coronado en justicia.

La corona de la gloria

«Así, cuando aparezca el Pastor supremo, ustedes recibirán la corona inmarchitable de la gloria» (1 P 5:4, NVI).

Pedro se dirigía a cristianos perseguidos. Ellos habían sufrido mucho por su fe. Él quería que ellos vieran que sus sufrimientos valían la pena. Pablo expresó lo mismo. «Pues los sufrimientos ligeros y efímeros que ahora padecemos producen una gloria eterna que vale muchísimo más que todo sufrimiento» (2 Co 4:17, NVI).

Ser coronado en gloria es ser coronado en victoria: una victoria final y definitiva sobre la persecución. Los burladores serán silenciados y los mártires serán honrados. Los escarnecidos en la tierra serán alabados en el cielo. Los menospreciados en la tierra serán coronados en el cielo.

¿Tu familia critica tu fe? No te desanimes. Tu día llegará.

¿Eres objeto de burlas en tu trabajo? Sé paciente. Tu día llegará.

¿Eres el único creyente en tu clase? Resiste. Tu día llegará.

Antes de lo que imaginas, tu Padre te bendecirá.

«¡Buen trabajo! Has hecho bien tu trabajo» (Mt 25:23, MSG).

Esa frase me recuerda una historia que Joe Stowell me contó sobre una vez que se reunió con el presidente en la Casa Blanca. Joe era presidente del Instituto Bíblico Moody en aquel entonces. Él y una docena de otros líderes fueron invitados a la Casa Blanca para conocer a George W. Bush. Todos esperaban en fila su turno para cruzar la sala y estrecharle la mano.

Mientras esperaba, Joe ensayó su saludo: «Hola, señor presidente, mi nombre es Joe Stowell, presidente del Instituto Bíblico Moody en Chicago». Él planeaba continuar y decirle al presidente que estaban orando por él.

Por fin llegó su turno. Cuando se acercó al presidente, extendió su mano y comenzó:

—Hola, señor presidente. Mi nombre es Joe Stowell, presidente del Instituto Bíblico Moody...

No pudo continuar. El presidente sonrió, le dio una palmadita en el hombro y le dijo:

—Así se hace, Joe. Entonces enfocó su atención en el próximo invitado mientras los ayudantes escoltaban a un desconcertado Joe. Más tarde compartió la historia con su secretaria. Cuando regresó a Chicago, ella había encargado una camiseta y la había colgado en su silla.

Decía: *Así se hace, Joe. —George W. Bush.*[3]

Cuando me compartió la historia nos reímos, y luego le dije: «Sabes Joe, un día escucharás palabras similares del Comandante Supremo del universo; y no las pronunciará con indiferencia ni apresuradamente. Te mirará a los ojos y afirmará: "Así se hace, Joe, lo has hecho bien"».

Tal es la promesa escrita por Pablo. «Entonces Dios le dará a cada uno el reconocimiento que le corresponda» (1 Co 4:5, NTV). ¡Qué maravillosa declaración! «Dios le dará a cada uno el reconocimiento que le corresponda». No «a los mejores» o «a algunos» o «a los triunfadores», sino que Dios le dará a *cada uno* su reconocimiento.

Dios no delega el trabajo. El ángel Miguel no es quien reparte las coronas. Moisés no habla en nombre del trono. Dios mismo hace los honores.

Unos diez años después de la muerte de mi padre, pasé unos días con mi tío Billy. Mi papá y mi tío Billy se parecían mucho. Se reían igual, hablaban muy similar. Hubo momentos aquel fin de semana en los que casi sentí que estaba hablando con mi padre.

Cuando me disponía a marcharme, me acompañó al auto e hizo algo muy bonito. Se levantó (era bajito como mi padre), me puso la mano en el hombro, me miró directo a los ojos y me dijo: «Max, tu padre habría estado orgulloso de ti».

Si las palabras fueran oro, yo fui un hombre rico en aquel momento. Solo una cosa habría sido mejor: escuchar esa frase de la boca de mi padre.

Dios envía «tíos Billy» a nuestra vida; envía a aquellos que poseen la semejanza del Padre para animarnos. Cómo apreciamos a estas personas, a estos amigos, maestros, ministros y vecinos que nos recuerdan a nuestro Padre de muchas maneras. Sus palabras son preciosas. Solo una cosa sería mejor: escuchar las palabras de la boca del Padre mismo.

Ese día viene. Dios pondrá una corona en nuestra cabeza y una mano en nuestro hombro y nos bendecirá. «Pues Dios no es injusto. No olvidará con cuánto esfuerzo han trabajado para él y cómo han demostrado su amor por él sirviendo a otros creyentes como todavía lo hacen» (He 6:10, NTV).

Él te alabará por cada niño que abrazaste, por cada ocasión en que perdonaste. Te honrará por cada centavo que ofreciste, por cada verdad que enseñaste, por cada oración que hiciste. Te celebrará por el día en que te negaste a desistir, por la ocasión en que te rehusaste a rendirte. Pero, sobre todo, te alabará por el día en que le dijiste «sí» a Jesús.

Honrarás a Jesús

¿Te confunde toda esta conversación sobre coronas, bendiciones y recompensas? Después de todo, ¿no es el paraíso un lugar donde alabamos a Dios? ¿No es él el único digno de adoración? ¿No debiéramos coronarlo a él en vez de él a nosotros?

Tienes razón. Eso es exactamente lo que sucederá. Reflexiona sobre el sorprendente giro de la ceremonia de premiación.

En aquel inolvidable día en que Patmos se convirtió en el paraíso, el apóstol Juan vio lo que tú y yo veremos. Él vio a Uno que está sentado en el trono. «Y alrededor del trono había veinticuatro tronos; y vi sentados en los tronos a veinticuatro ancianos, vestidos de ropas blancas, con coronas de oro en sus cabezas» (Ap 4:4, RVR1960).

El número veinticuatro es el doble de doce; es probable que represente a las doce tribus de Israel y a los doce apóstoles: el antiguo Israel y el nuevo pacto. Los veinticuatro son la presencia representativa de todos los fieles. Los que vivieron bajo los mandamientos y los que vivieron bajo la cruz. Aquellos que miraron hacia el futuro: al Mesías, y aquellos que miraron hacia el pasado: al Mesías. Todos están representados. Todos los que han deseado arrodillarse ante el trono están allí. Y como los ancianos nos representan, lo que ellos hacen es lo que nosotros haremos.

> Los veinticuatro ancianos se postran delante del que está sentado en el trono, y adoran al que vive por los siglos de los siglos, y echan sus coronas delante del trono, diciendo:
>
> Señor, digno eres de recibir la gloria y la honra y el poder; porque tú creaste todas las cosas...
>
> (Ap 4:10-11, RVR1960)

Sí, llegará el día en que serás coronado. Tu Creador alabará lo que has hecho. Él te bendecirá. Sin embargo, apenas habrá terminado antes de que caigas postrado sobre tu rostro y pongas tu corona a sus pies.

Qué bondadoso de su parte darnos una corona. Si no lo hiciera, ¿qué tendríamos para darle? Con la misma alegría con que la recibes, la entregarás. Tan gratuitamente como él la dio, tú la ofrecerás.

Estoy impaciente por verte allí. Quiero ver la expresión de tu rostro cuando veas la suya. Una mirada a los ojos del Rey y sabrás que los ancianos tenían razón. El cielo solo tiene una cabeza digna de corona, y no es la tuya, ni la mía.

El cielo solo tiene una cabeza digna de corona, y no es la tuya, ni la mía.

CAPÍTULO 9

Un matrimonio celestial

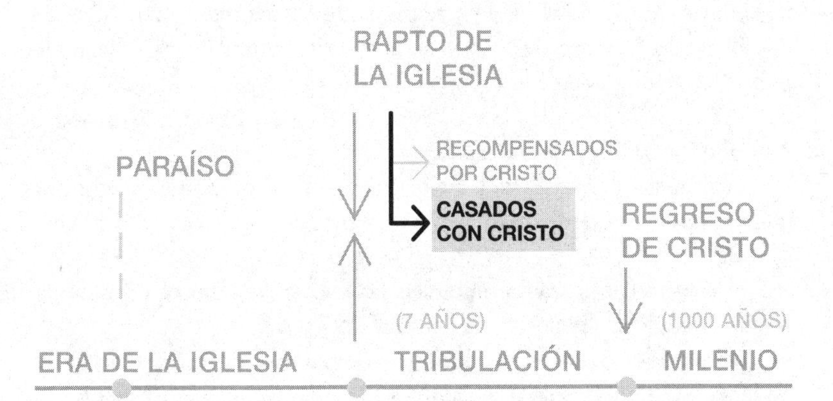

¿CUÁL ES TU MOMENTO FAVORITO de las bodas? Hay tantos momentos de los que escoger... Desde el primer compás musical hasta la última migaja del pastel, las bodas nos tocan el corazón y llenan el álbum de fotos. Los niños pequeños se visten con esmóquines y llevan los anillos; las madres de ojos llorosos se secan las lágrimas con pañuelos de papel, y cuando el padre *la* lleva al altar, hacia *él*, los nudos que nos bajan por la garganta son como filetes duros.

Todos tenemos momentos favoritos de las bodas: cuando los novios prenden las velas, cuando aparece el novio, cuando lanzamos arroz, cuando cortan el pastel... No es fácil elegir.

Quizás te sorprenda saber que hay un momento que se elige constantemente por encima de los demás. Según una encuesta exhaustiva del grupo de investigación «Lucado y asociados» (realizada durante un período de cinco minutos, que incluyeron tres conversaciones de pasillos y varias suposiciones, con un margen de error del 99 %), existe un momento que se atesora por encima de todos los demás: la entrada de la novia. Suena el órgano, su madre se pone de pie y los invitados inmediatamente se levantan de sus sillas. Incluso a las damas de honor se les escapa un suspiro. ¡Apenas unos minutos atrás vieron a la novia ataviada con rulos y la oyeron pedir un labial! Sin embargo, mírenla ahora: desde la tiara engalanada hasta los zapatos de satén, es Cenicienta en el baile. Nosotros, los campesinos, nos inclinamos para verla y ahogamos un suspiro. Nos encanta el momento en que llega la novia.

No tanto, sin embargo, como a Jesús.

Cristo anhela ver a su novia. Su padre ha marcado la fecha en el calendario del cielo. El novio está preparando una mansión. Todos en el cielo tienen fiebre de bodas. ¡Las Escrituras no pueden dejar de hablar sobre el gran evento!

«El reino de los cielos es semejante a un rey que hizo fiesta de bodas a su hijo» (Mt 22:2, RVR1960).

«Entonces, el reino del cielo será como diez damas de honor que tomaron sus lámparas y salieron para encontrarse con el novio» (Mt 25:1, NTV).

«[Jesús murió] para presentársela [a la iglesia] a sí mismo como una novia, llena de esplendor y belleza» (Ef 5:27, PDT).

«Las bodas del Cordero han llegado; su esposa se ha preparado. Se le ha dado un vestido nupcial de lino brillante y resplandeciente...» (Ap 19:7-8, MSG).

Mira todas estas palabras: *fiesta de bodas, damas de honor, novia llena de esplendor, vestido nupcial*. ¿Estamos leyendo la Biblia o una revista de bodas? ¿Por qué insisten las Escrituras en describir aquel gran día como el día de una boda?

La respuesta no tarda en llegar, ¿verdad? Hay algo que sucede en las bodas y no ocurre en ningún otro día, en ningún otro evento: la intimidad, el romance, la unión física, la rendición completa. Nuestra unión con Jesús no es la de un amo con su esclavo ni la de un creador con su creación; es la de un marido con su mujer. Nuestra llegada al cielo no se entiende como una toma de posesión, un amalgamiento o una asociación, sino como una boda entre Cristo y su novia, la iglesia.

> Gocémonos y alegrémonos y démosle gloria; porque han llegado las bodas del Cordero, y su esposa se ha preparado. Y a ella se le ha concedido que se vista de lino fino, limpio y resplandeciente; porque el lino fino es las acciones justas de los santos.
>
> Y el ángel me dijo: Escribe: Bienaventurados los que son llamados a la cena de las bodas del Cordero. Y me dijo: Estas son palabras verdaderas de Dios. (Ap 19:7-9, RVR1960)

Hay planes en marcha para una boda celestial. El novio es Cristo. La novia es la iglesia. Cuando llegue ese día, ya habremos sido arrebatados de la tierra y recompensados por Cristo. Toda la madera, el heno y la hojarasca se habrán quemado; solo quedarán nuestros actos justos. El próximo acontecimiento será nuestra boda.

Las bodas antiguas tenían dos partes: una celebración privada y una pública. En el evento privado, los sirvientes del padre del novio llevaban a la novia a la casa preparada. Cuando todo estaba listo, el padre de la novia colocaba la mano de su hija en la del que pronto sería su hijo. Luego de la ceremonia privada, comenzaba la cena de boda pública.

El programa de nuestra boda será un reflejo del de aquellas bodas antiguas. En el arrebatamiento, seremos llevados a la presencia de Jesús en el paraíso. Un tiempo después de la ceremonia del tribunal *(béma)*, nos casaremos con Jesús. Cuando regresemos con Cristo a la tierra, seremos su esposa (Ap 19:7) y estaremos vestidos con los ropajes de una novia: «lino fino, limpio y resplandeciente» (Ap 19:8). Nuestra cena de bodas será el milenio. En la época del Nuevo Testamento, la duración y el coste de la cena de bodas quedaban determinados por la riqueza del padre. Nuestro Padre, cuya riqueza no conoce límites, celebrará nuestra unión con el Hijo por mil años.

Nuestra cena de bodas será el milenio.

Jesús corteja y conquista a su novia

En el tiempo de Jesús, era el novio quien perseguía a la novia. Quizás ella le lanzara una mirada al pasar, quizás le sonriera cuando él se diera la vuelta, pero toda iniciativa para el matrimonio provenía siempre del novio. Por mucho que ella lo deseara, no tenía esperanza alguna de casarse a menos que él diera el primer paso.

Y nosotros tampoco. Aun si tuviéramos tal encanto que podríamos seducir al cielo, no sabríamos a qué número de teléfono llamar. Si tenemos alguna esperanza de estar en el altar, es Dios quien debe hacer la llamada. ¡Y la hizo! Él dio el primer paso. Dejó su casa y vino a la nuestra. «Pues el amor radica no en que nosotros hayamos amado a Dios, sino en que él nos amó y envió a su Hijo como víctima por nuestros pecados» (1 Jn 4:10, BLP).

Jesús está enamorado. ¿Puede él existir sin nosotros? Claro que sí, pero no quiere hacerlo. Lo hemos flechado, cautivado, embelesado completamente. Hará lo que sea necesario para ganarse nuestro afecto.

Escribo estas palabras un 8 de agosto. Hoy es mi aniversario de boda número cuarenta y dos. Pensar en nuestro matrimonio con Jesús me trae a la mente recuerdos del mío con Denalyn. Tenía veinticinco años y servía en una iglesia de Miami, Florida. Casualmente me encontraba de pie frente a la congregación cuando ella entró por la puerta trasera del santuario un domingo por la mañana. Gracias al sol de verano que entraba por el vitral, la sala estaba llena de color y luz. Gracias a su entrada, la sala se volvió aún más luminosa. Perdí el hilo de mi sermón y comencé a desfallecer. En mi mente se formularon dos preguntas urgentes: «¿Quién es ella?» y «¿Cómo hago para conocerla?».

Luego me enteré de que se llamaba Denalyn; podía cantar como un ángel, tenía veintitrés años, era maestra y, aleluya, estaba soltera y libre. Durante las siguientes semanas, pude conocerla mejor. Era una persona amable, divertida, amiga de los marginados.

No estaba nada interesada en mí, así que me dispuse a hacerla cambiar de opinión. La llamé para conversar. Le escribí algunas notas. Le elogié el cabello. Le pedí una cita. Se tomó su tiempo, pero finalmente me enteré de que le había echado el ojo a ya sabes quién.

Hubo un momento en que la cuestión del «quién» quedó eclipsada por el «cómo». ¿Cómo podemos tener una relación? La respuesta llegó en forma de largas caminatas, conversaciones, algunas cenas a la luz de las velas y palabras románticas. Compartimos historias de nuestro pasado y sueños sobre nuestro futuro. Nos besamos. Al cabo de unos meses, me encontré en una joyería de una calle llamada Miracle Mile (Milla Milagrosa): era verdaderamente un milagro, pues había asumido que ni aunque anduviera mil millas habría estado yo, Max, a la altura de Denalyn. Compré el anillo, se lo entregué, y nuestra vida juntos comenzó por fin.

Jesús ha hecho más (oh, muchísimo más) para cortejar a su novia.

En el siglo I, se esperaba que el novio le diera dinero al padre de la novia.[1] Se podía medir el amor del novio según el precio que estaba dispuesto a pagar. Al amor de Jesús se lo mide de la misma manera.

«Ustedes saben muy bien que el precio de su libertad no fue pagado con algo pasajero como el oro o la plata, sino con la sangre preciosa de Cristo, quien es como un cordero perfecto y sin mancha» (1 P 1:18-19, PDT).

«Ustedes no se pertenecen a sí mismos, porque Dios los compró a un alto precio...» (1 Co 6:19-20, PDT).

¿Quieres saber cuánto le importas a Jesús? Hallarás la respuesta en la sangre derramada en la cruz. Jesús preferiría morir antes que ir al cielo sin ti. Así que, eso hizo.

Esto me lleva de nuevo a nuestra pregunta inicial: *¿Cuál es tu momento favorito de las bodas?* La mayoría de las personas eligen el momento en el que ven a la novia. Mi respuesta es el momento en que el *novio* la ve.

Como oficiante de bodas, he esperado junto a él entre bastidores. Para ese momento, ya tiene la camisa empapada de sudor. Se acomoda el cuello. Se lame los labios resecos. Sus padrinos ya le han dicho en broma que se escape, y es posible que él se lo haya pensado en serio. No obstante, ahora él está de pie y ella está acercándose. Cuando la ve, yo le echo una ojeada a él. Los ojos se le abren de par en par. La sonrisa se le ensancha. Respira hondo. Y puedo leerle la mente: *No hay ningún otro lugar donde preferiría estar.*

Eso será lo que Jesús pensará cuando vea a su iglesia. A sus santos redimidos. Sus hijos. Su novia. Su familia por la que murió. Los santos junto a quienes reinará. Vestidos de pura gracia. Desde la corona sobre su cabello hasta las nubes bajo sus pies, su novia es de la realeza, es su princesa. «Dios se regocijará por ti como el esposo se regocija por su esposa» (Is 62:5, NTV).

Ahora que te has comprometido

En el mundo judío de la antigüedad, los votos de compromiso eran tan vinculantes que la relación solo podía romperse por un divorcio. A los

¿Quieres saber cuánto le importas a Jesús? Hallarás la respuesta en la sangre derramada en la cruz. Jesús preferiría morir antes que ir al cielo sin ti. Así que, eso hizo.

novios, aunque vivieran en lugares distintos y aunque aún restara consumar físicamente el matrimonio, se los consideraba marido y mujer.

La futura esposa se ponía un velo para salir de su casa e indicaba así que estaba fuera de circulación. Se daba un baño purificador llamado *mikve*. La ceremonia la apartaba para su esposo.

Pablo nos invita a nuestro propio *mikve*, «el lavamiento del agua con la palabra» (Ef 5:26, LBLA). La palabra traducida como «agua» en este pasaje se utiliza específicamente para hablar del agua de lluvia. No se usa para el agua de fuente o el agua de baño, sino para el agua pura que proviene del cielo. Mientras recibes su palabra, él te purifica con agua de manantiales. Al lavarte, te quita los viejos hábitos y la suciedad y te prepara para sí mismo.

Mientras nos prepara para su lugar, prepara también un lugar para nosotros. Esto era lo que Jesús, un hombre judío en una cultura judía, tenía en mente cuando prometió: «En la casa de mi Padre muchas moradas hay; si así no fuera, yo os lo hubiera dicho; voy, pues, a preparar lugar para vosotros. Y si me fuere y os preparare lugar, vendré otra vez, y os tomaré a mí mismo, para que donde yo estoy, vosotros también estéis» (Jn 14:2-3, RVR1960).

Durante el tiempo de la preparación, el novio regresaba a la casa de su padre y preparaba una cámara nupcial. Zola Levitt explicó:

> Esta era una empresa compleja para el novio. Debía edificar una cámara aparte dentro de la propiedad de su padre o decorar una habitación en la casa de su padre. La cámara nupcial tenía que ser hermosa... uno no se va de luna de miel a cualquier lado [...] Este proyecto de construcción le tomaría una buena parte de un año [...] y el padre del novio era el juez que decidía si estaba o no terminado.[2]

De manera similar, nuestro Padre celestial juzgará cuándo estará terminada la cámara celestial. «Pero del día y la hora nadie sabe, ni aun los ángeles de los cielos, sino solo mi Padre» (Mt 24:36, RVR1960).

El apóstol Juan pudo vislumbrar nuestro próximo hogar cuando el ángel lo llevó, según la descripción de Juan, «a un monte grande y alto, y me mostró la ciudad santa, Jerusalén, que descendía del cielo, de Dios, y tenía la gloria de Dios. Su fulgor era semejante al de una piedra muy preciosa, como una piedra de jaspe cristalino». (Ap 21:10-11, LBLA).

Esta es la ciudad que nos espera después del milenio. «Cuando la midió se dio cuenta de que era cuadrada, que medía lo mismo de ancho que de largo. En realidad, medía 2220 kilómetros de largo, lo mismo de alto y lo mismo de ancho» (Ap 21:16, NTV).

Tal como lo anunció Jesús, la casa de su padre tendrá muchas habitaciones y habrá suficiente lugar para todas las personas de fe que hayan existido.

¿No te imaginas a Jesús trabajando? Construir la habitación no es un quehacer, sino un privilegio. El trabajo no es una carga, sino una oportunidad, y con cada golpe del martillo y cada corte de la sierra sueña con el día en que llevará a su novia a su casa, la cargará en sus brazos y pasará con ella al otro lado del umbral.

¿Ves cómo te ama tu novio? Descansa en su amor. Él no te rechazará como otros lo han hecho. Su amor no es voluble; su devoción no es frágil. Hay solo una cosa que tienes que hacer: «Pongan la mira en las verdades del cielo [...] Piensen en las cosas del cielo» (Col 3:1-2, NTV).

Soy el padre de tres hijas casadas. Vi cómo cambió su mundo el día en que se comprometieron. Tuvieron que ponerse manos a la obra. ¿Qué vestido compraremos? ¿A quiénes invitaremos? ¿Qué comida serviremos? ¿Cuánto costará todo esto? (Creo que yo era el único que hacía esa pregunta).

Deja que el día de tu boda celestial te vuelva loco. No existe novio alguno que haya sacrificado más que el tuyo. No existe novio alguno que se haya esforzado más que el tuyo, que haya llegado más lejos o que haya pagado un precio mayor. No existe novio alguno que haya hecho más para conquistar a su novia que lo que Jesús ha hecho para conquistar a su iglesia.

Jesús nos ha tratado debidamente, con afecto y respeto. No nos ha forzado nunca. No nos ha engañado ni maltratado jamás. En su propuesta, nos entregó su corazón. En la cruz, nos entregó su sangre.

Nuestro novio ha hecho por nosotros lo que nunca podríamos haber hecho por nuestra cuenta. Nos ha cualificado, purificado y santificado. Murió y resucitó por nosotros. Nunca un novio ha hecho más por su novia.

> Deja que el día de tu boda celestial te vuelva loco.

Por otro lado, nunca una novia ha sido más indigna de un novio. Él tiene toda autoridad. Nosotros solo tenemos lo que él nos permite tener. Tendemos a olvidarlo, a

No existe novio alguno que se haya esforzado más que el tuyo, que haya llegado más lejos o que haya pagado un precio mayor. No existe novio alguno que haya hecho más para conquistar a su novia que lo que Jesús ha hecho para conquistar a su iglesia.

desatenderlo, a comportarnos como si no estuviéramos comprometidos con él. Sin embargo, él se niega a darnos la espalda. Hace todo lo contrario; nos invita a imaginar el momento en que él anunciará: «Yo, Jesús, te tomo a ti, pecador, por esposa. Me comprometo ante Dios a ser tu compañero por toda la eternidad. Te doy mi corazón, mi hogar y mi amor. Somos uno para siempre».

Nunca ha habido ni habrá una boda como la nuestra en el cielo. Los ángeles se cernirán sobre nosotros. Brotarán alabanzas desde nuestro interior. Seremos testigos del fin de esta era y del comienzo de la siguiente. ¿Pecado y muerte? Ya no habrá más. ¿Lágrimas y temores? No habrá más. ¿Enfermedades y deudas, culpa y arrepentimiento, adicciones y aflicciones, guerras y cólera? Ya no habrá más. No en la casa de Dios.

¡Qué boda! Contémplala. Medita sobre ese día. Pon toda la ilusión en aquel evento. Deja que el día de tu boda defina la manera en que vives hoy.

Estás comprometido, has sido apartado, te han llamado, eres una novia santa. Ya has dado tu mano en matrimonio. No te conformes con tener aventuras de una sola noche en moteles de mala muerte. Le perteneces al novio. Es más, él quiere verte a ti más de lo que tú quieres verlo a él. Él tiene los ojos puestos en ti. Murió para salvarte y vive para recibirte. «[Él] puede [...] hacernos entrar a su presencia gloriosa con gran alegría y sin falta alguna» (Jud 24, PDT).

Hace algunos años, en nuestra iglesia estudiamos la celebración de la boda del cielo. «¿Qué mejor manera de concluir el sermón —pensé— que invitar a la novia de Cristo a ir al altar?». Reclutamos a una voluntaria, le pusimos un vestido de novia y un velo. En el momento oportuno, hice una seña para que comenzara la música y la novia empezara su caminata hacia el altar. Eso hizo... y se dio de lleno contra el banco del fondo. No sé cómo esperaba que hiciera otra cosa: el velo le cubría el rostro.

Enseguida enviamos a alguien para que la guiara hacia el altar, así como Dios envió hace tiempo a su Espíritu para acompañarnos. Él sabe bien que el velo no nos deja ver. Sabe que tropezamos y caemos. Aun así, nos dice que somos suyos. Dice que somos su novia; y algo me dice que mencionará la llegada de la novia como el momento culminante de la boda.

CAPÍTULO 10

Tras la marcha de los santos

EL MAX DE LA SECUNDARIA ERA UN DESASTRE. No me habría gustado que mis hijas tuvieran una cita con la versión adolescente de su padre. Era irrespetuoso con mis padres, deshonesto con los administradores de mi escuela e hipócrita con mi fe.

Mi hermano mayor y yo logramos que ir de juerga, beber e ir a discotecas fuera todo un arte. Él me consiguió una identificación falsa, me mostró dónde comprar cerveza y me enseñó cómo ocultarles nuestras actividades a nuestros padres.

Sin embargo, nuestro padre estaba al tanto. Mi papá se crio en el mundo del alcohol; su padre bebía. Varios de mis tíos y tías batallaban con la adicción al alcohol. Él no se dejaba engañar. Nos pilló y nos disciplinó más de una vez. Nos castigaba, se llevaba las llaves del auto, nos daba quehaceres extra.

No había nada que funcionara… hasta que nos dio el ultimátum. Fue un sábado por la mañana, probablemente la gota que colmó el vaso tras una noche de embriaguez. Nos sentó a mi hermano y a mí en el sofá de la sala de estar. No estaba enojado, sino más bien prosaico. Nos presagió cuáles serían las consecuencias de nuestra locura de un modo en que sabía que no lo interrumpiríamos.

«Tarde o temprano, caerán en manos de la justicia. Los pararán por beber mientras conducen. Los detendrán por ser menores de edad en un bar. Acabarán en la cárcel. El alguacil me llamará; me pedirá que vaya y les pague la fianza. Hijos, esto es lo que necesito que sepan: no iré a buscarlos. No responderé por ustedes. No pondré dinero para liberarlos. Los dejaré en la cárcel».

El ultimátum no era tanto una amenaza, sino más bien un hecho. No estaba fingiendo. No estaba diciendo patrañas. Estaba siendo sincero y honesto. «¿Van a seguir por este camino? Aquí es donde terminarán».

Logró captar mi atención.

Esa conversación se me viene a la mente cuando leo lo que la Biblia dice sobre una inminente temporada de disturbios.

Para ser claro, Dios no nos ha destinado a un final desastroso. Todo lo contrario. Nos llama a vivir en su esplendor y disfrutarlo para siempre. «Él […] no quiere que nadie perezca, sino que todos se arrepientan» (2 P 3:9, NVI). Nos extiende su invitación a cada momento. Con cada amanecer, cada noche estrellada, cada bendición bañada por la gracia. A través de la naturaleza. De las Escrituras. Incluso el aire en los pulmones sirve para recordarnos cuán bondadoso es Dios y cuánto dependemos de él.

Sin embargo, las personas rechazan el ofrecimiento de Dios. Le piden que los deje en paz. Son malvados por voluntad propia y no quieren tener nada que ver con la idea del pecado y la salvación.

Este rechazo acarrea profundas consecuencias. Así como mi padre terrenal nos amó lo suficiente como para ser honesto, también nuestro Padre celestial nos ama lo suficiente como para serlo. Por supuesto, mi padre solo podía prever el resultado. Nuestro Padre celestial puede verlo; y lo que ve es alarmante.

El apóstol Pablo describió esta tribulación en detalle cuando escribió a una iglesia en Tesalónica.

El día del Señor

> Ahora bien, hermanos, en cuanto a la venida de nuestro Señor Jesucristo y a nuestra reunión con él, les pedimos que no pierdan la cabeza ni se alarmen por ciertas profecías, ni por mensajes orales o escritos supuestamente nuestros, que digan: «¡Ya llegó el día del Señor!». (2 Ts 2:1-2, NVI)

Los cristianos tesalonicenses estaban nerviosos; les preocupaba estar viviendo el «día del Señor», un término bíblico que se suele utilizar para hablar de la tribulación. Tú y yo estamos viviendo en el «día de la gracia». Lo que soportamos es consecuencia del pecado y no el derramamiento directo de la ira de Dios. Las personas del tiempo de Noé sí la sintieron. Los ciudadanos de Sodoma y Gomorra la sufrieron. Los egipcios bajo el faraón también la conocieron.

Nosotros no la hemos visto porque Jesucristo recibió la ira de Dios en nuestro lugar. Jesús clamó: «DIOS MÍO, DIOS MÍO, ¿POR QUÉ ME HAS ABANDONADO?» (Mt 27:46, LBLA) para que nosotros no tengamos que hacerlo.

El «día del Señor» es una frase sobre el juicio. La Escritura la utiliza varias veces para referirse a la ira de Dios. En este caso, Pablo la utiliza dos veces para referirse al día después de que «[llegue] la rebelión contra Dios y [se manifieste] el hombre de maldad, el que está destinado a la destrucción. Este se opone y se levanta contra todo lo que lleva el nombre de dios o es objeto de adoración, hasta el punto de adueñarse del templo de Dios y pretender ser Dios» (2 Ts 2:3-4, NVI).

Pablo estaba hablando del anticristo y de su acto blasfemo de exigir ser adorado en el templo. (Este versículo presupone la reconstrucción del templo de Dios en el Monte del Templo). En este contexto, el «día del Señor» es un período de siete años durante el cual Dios permitirá que aquellos que lo rechazaron sientan todas las consecuencias de su rebelión.

Un día de indiferencia

En algún momento posterior al arrebatamiento, comenzará la tribulación. El planeta quedará anonadado cuando Jesús descienda con un grito y rescate a sus hijos de la ira venidera. De un segundo al otro, en las familias faltarán parientes y en las oficinas faltarán trabajadores. Los cementerios estarán acribillados de tumbas abiertas. El personal de los hospitales no se explicará cómo es que de repente habrá tantas camas vacantes. Los directores de los colegios no sabrán qué les sucedió a los maestros y los alumnos que en un momento estaban allí y al siguiente, ya no.

Uno asumiría que los «no arrebatados» verán el denominador común de las personas desaparecidas: cada una de ellas creía en Jesús. Tenían distintos tonos de piel. Hablaban idiomas distintos. Tenían diferentes ideologías políticas, nacionalidades y niveles de ingresos. Sin embargo, tenían una cosa en común: confiaban en Jesucristo para recibir la salvación.

Esperaríamos que los terrestres encuentren Biblias y las lean, que descubran sermones en audio y los escuchen, que hallen libros cristianos y los estudien. Sin embargo, muchos no lo harán.

Jesús advirtió: «El amor de muchos se enfriará» (Mt 24:12, RVR1960). En lugar de volverse a Dios por causa del arrebatamiento, las personas se alejarán de Dios. ¿Cómo puede ser? ¿Cómo es posible que no los sensibilice ni conmueva la evacuación más drástica de la historia? Pablo acusa a aquel culpable a quien llama «hombre de maldad» (2 Ts 2:4, NVI).

¿Qué le sucederá a la sociedad cuando desaparezcan de repente millones, quizás miles de millones, de personas trabajadoras, que pagan impuestos y buscan a Dios? ¿Quién se hará cargo? ¿Quién ocupará el vacío? ¿Quién explicará por qué desaparecieron? ¿Quién detendrá la gigantesca ola de terror que azotará repentinamente al mundo?

El hombre de maldad lo hará. Él es el anticristo. Utilizará su fluida oratoria y su poder satánico para ofrecer soluciones fáciles y hacer promesas exorbitantes.

Chuck Swindoll lo resumió de esta forma:

> Este hombre surgirá después del arrebatamiento, probablemente para calmar las aguas caóticas agitadas por la inexplicable partida de

Esperaríamos que los terrestres encuentren Biblias y las lean, que descubran sermones en audio y los escuchen, que hallen libros cristianos y los estudien. Sin embargo, muchos no lo harán.

> tantos cristianos. Estará preparado y listo para hablar. Se presentará no solo delante de una nación, sino delante del mundo y conseguirá la aprobación de todos. Al igual que Hitler, surgirá en un escenario de tanto caos político y económico que las personas lo verán como un hombre de visión, con respuestas pragmáticas y poder para unir al mundo.[1]

No hemos visto nunca a nadie como él. No tendrá ninguna brújula moral, ni consciencia, ni sentido de lo bueno y lo malo, ni respeto alguno por Dios o su pueblo. «Este [hombre de maldad] se opone y se levanta contra todo lo que lleva el nombre de dios o es objeto de adoración, hasta el punto de adueñarse del templo de Dios y pretender ser Dios» (2 Ts 2:4, NVI).

Como si eso ya no fuera lo bastante malo, el cielo no lo detendrá. Como escribió Pablo: «Es cierto que el misterio de la maldad ya está ejerciendo su poder; pero falta que sea quitado de en medio el que ahora lo detiene» (2 Ts 2:7, NVI). En este momento, Dios mantiene la maldad a raya. En la tribulación, en cambio, Dios dejará que la gente sienta las consecuencias de su rebelión.

Satanás está esperando a que llegue el arrebatamiento, a que el Pastor lleve a su rebaño a pastos seguros. Una vez que él y sus ovejas se hayan ido, el lobo se presentará a la puerta. Satanás entrará al cuerpo del anticristo así como entró al cuerpo de Judas (Jn 13:27). Dios dará inicio a la cuenta regresiva y los siete años finales comenzarán.

Sí, actualmente estamos viviendo días oscuros y difíciles. Sin embargo, sin el poder del Espíritu y la influencia de la iglesia, este mundo estaría cayendo en picada. Entonces, ¿qué sucederá cuando la influencia del Espíritu a través de la iglesia ya no esté más aquí?

El Espíritu inspiró a Pablo a describir ese tiempo: «El malvado vendrá, por obra de Satanás, con toda clase de milagros, señales y prodigios falsos. Con toda perversidad engañará a los que se pierden por haberse negado a amar la verdad y así ser salvos» (2 Ts 2:9-10, NVI).

El anticristo evocará algún relato falso sobre los creyentes que falten. Convencerá a las personas para que dejen de pensar en ellos y su Salvador y, en cambio, lo adoren a él; y lo logrará.

Asombroso. Habrán sido testigos de un milagro superado solamente por la resurrección de Jesús y lo ignorarán. En consecuencia, el día de gracia se convertirá en el día del Señor.

El Libro de Apocalipsis detalla el horror que se vivirá. Los jinetes saldrán a conquistar y a entrar en guerra (Ap 6:1-2). La paz será quitada de la tierra. Muchos morirán asesinados (vv. 3-4). Habrá hambruna e inflación generalizadas que ocasionarán más alteraciones y muertes (vv. 5-6). Una cuarta parte de la población morirá (vv. 7-8). Aquellos que se vuelvan a Cristo se convertirán en mártires por su fe (vv. 9-11). Se producirá un terremoto que hará que la gente se esconda (vv. 12-17). La tercera parte del sol, de la luna y de las estrellas se oscurecerá (8:12). El sol quemará a la gente con fuego y un calor feroz (16:8-9).

Con razón Jesús declaró: «Esta será una angustia como no la ha habido en el mundo, ni la habrá jamás» (Mt 24:21, MSG).

Un día decisivo

Quizás te preguntes: *¿Por qué habría de preocuparme por la tribulación? Yo seré arrebatado. Estaré con Jesús. ¿Por qué debería importarme esto?*

Es simple. A Dios le importa. La Biblia usa al menos treinta y seis nombres distintos para referirse a este período.[2] Juan dedica la mayor parte de Apocalipsis a describirlo. Jesús dedicó su sermón final (el discurso del monte de los Olivos)[*] a explicarlo. A Dios le importa la tribulación. A nosotros también debería importarnos.

Por más terrible que sea, la tribulación es instructiva.

Nos recuerda que *Dios odia el pecado*; odia aquello que hace que las personas se alejen de él y se conviertan en criaturas violentas, depravadas y egocéntricas.

> A Dios le importa la tribulación. A nosotros también debería importarnos.

Nos recuerda que *Satanás es un engañador*; ha mentido desde el principio y mentirá hasta el final. Es alérgico a la verdad. Sabe cómo deslumbrar con promesas de paz y con apariencias de poder. Sabe cómo controlar a las personas para que lo adoren a él y no a Dios. Por un largo tiempo, durante la tribulación, eso es lo que los terrestres harán.

Hay otro motivo por el que debes entender la tribulación: *es posible que la vivas*. Esto no es algo tan descabellado como podrías pensar.

---

* Consulta el Material adicional, p. 195, para conocer más sobre este discurso.

¿Estás manteniendo cierta distancia con Jesús? Si es así, Dios está haciendo contigo lo que mi padre hizo con mi hermano y conmigo: está explicándote cómo serán las cosas y describiéndote las consecuencias. Eso es lo que hace el amor. El amor te dice a dónde conduce el camino de la desobediencia. Mi padre no quería que yo fuera a la cárcel. Su deseo no era que yo acabara encerrado con rufianes y matones. Sin embargo, dejó que yo tomara la decisión.

Dios ha dejado la decisión en tus manos. La tribulación no es el destino planeado para ti. No querrás estar aquí cuando el que la detiene se haya retirado y la maldad pueda proliferar.

Di que sí antes de que llegue la noche.

> El amor te dice a dónde conduce el camino de la desobediencia.

Hay una última razón por la que debemos reflexionar sobre la tribulación. Es posible que estas palabras, que se escribieron antes del arrebatamiento, sean leídas cuando la iglesia se haya ido y el caos haya comenzado. Quizás tú estés entre los que queden atrás. Si ese es el caso y tú te topas con el mensaje en el tiempo de la tribulación, oye las palabras de Jesús: «Mas el que persevere hasta el fin, este será salvo» (Mt 24:13, RVR1960).

Estas dificultades, por más terribles que sean, son temporales. Vuélvete a Cristo, confía en Cristo, busca a Cristo.

Él vuelve pronto. Nosotros, la iglesia, estaremos con él.

Una nueva era de paz, su paz verdadera, comenzará.

Dios ha dejado la decisión en tus manos. La tribulación no es el destino planeado para ti. No querrás estar aquí cuando el que la detiene se haya retirado y la maldad pueda proliferar.

CAPÍTULO 11

Ahora que ha llegado el caos

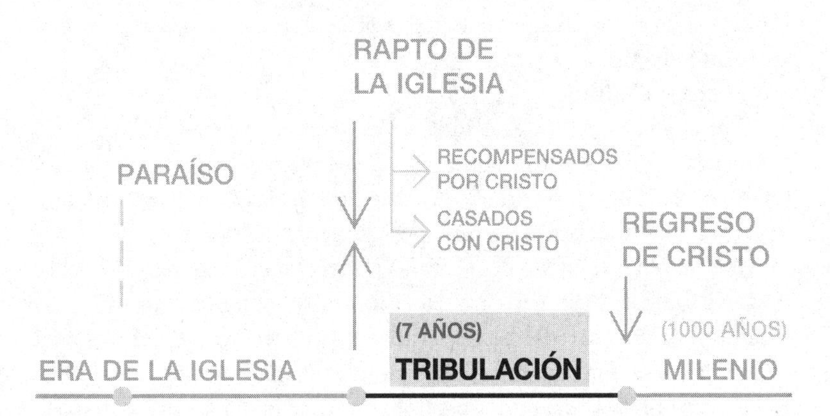

¿CÓMO SERÁ LA VIDA después del arrebatamiento?

En todo el mundo, las personas empezarán el día como si fuera cualquier otro: desayunarán, irán al trabajo, al colegio, harán ejercicio. No sucederá nada por lo que alguien vaya a esperar que los sucesos no sigan su curso normal. La gente tendrá prisa y todos estarán corriendo; se celebrarán fiestas, se completarán tareas, las personas se embarcarán en vuelos. Entonces, de un momento a otro, como no ha sucedido jamás, tal vez miles de millones de personas desaparecerán. Solo tomará un instante. Un momento. Un nanosegundo. Desaparecerán. Sin más.

Las conversaciones se detendrán en mitad de la frase. Un maestro levantará la vista de su escritorio y verá que falta la mitad de los estudiantes. Las bicicletas, sin nadie que las monte, caerán. Los aviones, sin pilotos, se estrellarán. Los barcos, sin nadie que los conduzca, chocarán contra la orilla. Será el día en que el mundo cambiará por completo.

Imagina la alteración mundial, la confusión, el pánico.

Es posible que lo que suceda sea similar a esto.

La desaparición

Como todas las mañanas, sonó la alarma del teléfono de Jeff, demasiado temprano para su gusto. ¿Ya eran las seis y media? Presionó el botón para que la alarma volviera a sonar más tarde, pero sabía que no le convenía quedarse dormido. El examen de literatura inglesa comenzaría a las ocho en punto; necesitaría aprovechar cada minuto disponible para completarlo. No podía llegar tarde. Se incorporó y se sentó al borde de la cama. Fue entonces que se le pasó por la mente un pensamiento que le levantó el ánimo.

«Este es el último».

Soltó una risita ante la idea. «Por primera vez en mi vida, los exámenes finales son exámenes *finales*». La graduación sería en una semana. Basta de universidad. Basta de tareas. Basta de vivir contando los centavos. Se levantó y caminó pesadamente hacia el baño.

Jeff no tenía el hábito de mirar las noticias cada mañana. ¿Escuchar música? Quizás. Pero nada de televisión ni de noticieros en línea. Ni siquiera leía los correos. Se reservaba su primera acción del día para cuando tomara una taza de café. Siempre en la misma cafetería llamada Let's Brew This [Preparemos esto]. Siempre se pedía un café con leche doble. Siempre se lo servía el amor de su vida, Emily.

Su turno empezaba a las 5 a. m. Cursaba el año siguiente al suyo en la Universidad Northwestern. Jeff siempre la tenía en mente. Su plan para esa mañana era sencillo: se vestiría; iría a al café; le daría un beso a Emily, tomaría asiento en uno de los bancos corridos del café y se instalaría a estudiar. Al cabo de quince minutos, ya se había vestido y estaba bajando por las escaleras.

Fue entonces cuando vio el caos. El sol brillaba lo suficiente esa mañana de mayo como para mostrar el pandemonio que había en la calle. Había autos parados en medio de la carretera. Algunos habían subido a la acera y se habían estrellado contra los edificios. Las puertas estaban abiertas. Se oían pitidos por todos lados. Desde todas las direcciones llegaban voces que gritaban nombres.

—¡John!

—¡Elizabeth!

—¡Joe y Nathan! ¿Dónde están?

Un grito que provenía de atrás sobresaltó a Jeff.

—¿Has visto a mis hijos?

Él se volvió y vio a una madre aterrorizada.

—Estaban en el asiento de atrás. ¡No sé dónde están ahora!

Sin darle tiempo a contestar, la mujer salió corriendo calle abajo gritando sus nombres.

Jeff se recompuso lo suficiente como para correr una cuadra hasta la cafetería. Al abrir la puerta, se encontró con gente de pie mirando las pantallas de televisión. No había nadie tomando café. No había nadie sirviendo café. Se abrió paso en la multitud hasta el mostrador y buscó a Emily. No estaba allí.

—¿Dónde está Emily? —le preguntó a su compañero de trabajo.

—No lo sé, Jeff. Estaba aquí y luego... no.

Él sintió que el corazón se le aceleraba. Su mente avanzaba tan rápido que no sabía en cuál pensamiento detenerse.

¿Qué está pasando?

¿Dónde está Emily?

¿Estamos viviendo un ataque? ¿Un rapto?

Por primera vez, levantó la mirada hacia la televisión. Había un periodista en medio del Times Square.

—¡Nadie sabe cómo explicarlo! —exclamó—. Han desaparecido personas.

El reportaje se trasladó a Washington, donde un periodista de pie frente a la Casa Blanca afirmaba rotundamente:

—No se sabe nada. El secretario de prensa aún no ha dicho nada.

Jeff se quedó mirando la televisión por diez minutos. La historia era la misma en todas partes: Pekín, Buenos Aires, Honolulu y Chicago. *¿Chicago?* Ahí estaba Jeff. El corresponsal, de pie en la calle Clark, junto a la universidad, intentaba hacer lo que nadie había logrado: explicar la repentina desaparición de personas. Detuvo a una estudiante y le acercó un micrófono al rostro, empapado de lágrimas:

—Había salido a trotar con mi mejor amiga. Ella iba conmigo. Me giré para decirle algo y...

Jeff no podía seguir mirando. No lo soportaba. No sabía a dónde ir, pero sí sabía dónde no quería quedarse. Corrió calle abajo y subió las escaleras hasta su apartamento. Cerró la puerta y se dejó caer en el sofá. Miró televisión por una hora, quizás por dos, y luego la apagó. Estaba aturdido.

Fue entonces cuando recordó la caja. Abrió el armario, el único que había en su apartamento tipo estudio. La caja de madera estaba en el estante ubicado arriba de su ropa. La bajó y se la llevó al sofá.

La carta seguía dentro del sobre, que estaba pegado a la tapa de la caja. En el sobre se leía un garabato con su nombre, escrito con la letra casi ilegible de su abuelo. «Jeff Jacob Harrison».

No había ninguna dirección. No había hecho falta. Tanto el sobre como la caja le habían sido entregados en persona.

Jeff extrajo la carta y leyó el primer renglón: «Mi precioso, precioso nieto».

Los padres de Jeff habían fallecido en un accidente de automóvil cuando él tenía dieciséis años. Se había mudado con Charles y Maggie, sus abuelos maternos. Si había alguien que pudiera salvar un corazón roto, eran ellos. Charles era un médico chapado a la antigua en un pequeño pueblo de Iowa. Había intentado jubilarse, pero la gente nunca terminaba de permitírselo. Siguió atendiendo partos y revisando a pacientes hasta los ochenta años.

Vivían en unas cuantas hectáreas a las afueras de Quad Cities. Jeff se había criado en Chicago. Al principio, la vida rural era más de lo que podía soportar, pero acabó siendo exactamente lo que necesitaba. Sus primos vivían en la misma calle. Hizo amigos y se graduó de una escuela pequeña. La vida allí era más lenta. Charles y Maggie le mostraron a Jeff amabilidad de todas las formas posibles. Lo escuchaban cuando necesitaba hablar. Le daban espacio cuando necesitaba silencio.

Con el tiempo, comenzó a respirar más hondo y a pensar en su futuro. Fue gracias a ellos que pudo hacerle frente a la tormenta.

Jeff apreciaba todas las cosas sobre Charles y Maggie, salvo su fe. El padre de Jeff había rechazado la espiritualidad. Era judío, pero solamente de nombre. Era un hombre bueno, trabajador, que se hizo de abajo y alcanzó el éxito. No necesitaba ningún Salvador. Esas eran las palabras exactas que Jeff oyó a su padre decirle a su madre un domingo por la mañana, en una conversación acalorada. Ella le había pedido, por enésima vez, que la acompañara a la iglesia. El padre de Jeff se burló de la idea e hizo ese comentario sobre «ningún Salvador». Por lo que Jeff sabía, su madre nunca volvió a pedirle que la acompañara.

De niño, Jeff acompañaba a su madre y asistía a la escuela dominical. Sin embargo, cuando tuvo la oportunidad de tomar una decisión, imitó a su padre.

Cuando sus abuelos iban a la iglesia, él se negaba a acompañarlos. Sus abuelos decidieron no obligarlo. Cuando traían el tema a colación, Jeff, siempre muy cortés, se negaba a hablar de ello.

Jeff amaba a sus abuelos.

Ellos lo amaban a él.

Sin embargo, él se negaba a creer.

Se apropió del mantra de su padre: «No necesito ningún Salvador».

Jeff conoció a Emily la primera semana de su último año en Northwestern. Ese día, el ambiente en el campus era festivo. Los clientes del bar Blue Cat se estaban comportando de un modo particularmente escandaloso. Se estaban pagando muchas cervezas con tarjetas de crédito de los padres. Jeff había bebido lo suyo y, en consecuencia, se mostró especialmente valiente cuando vio a una muchacha bajita y rubia de Baton Rouge. Más adelante se reirían de la primera frase que le dijo.

—Me llamo Jeff y estoy listo para tener una nueva vida. ¿Puedo empezarla contigo?

Fue una frase realmente muy, muy cursi. Sin embargo, la cerveza y el ambiente hacían que fuera perdonable. Emily se rio... y así fue como comenzó su relación. Un mes después, él la llevó a conocer a sus abuelos. Para el Día de Acción de Gracias, Emily había comenzado a llamarlos Pop y Memaw, al igual que Jeff.

En el auto, de regreso a Chicago después del Día de Acción de Gracias, Emily iba muy callada, cosa que no era muy característica de ella. Él le preguntó qué pasaba.

—Memaw me habló de Jesús —comentó.

Jeff suspiró.

—Sabía que esto sucedería tarde o temprano. Le pediré que no lo haga más.

—No, Jeff. Quiero saber. De hecho, ya lo sé.

Emily le compartió una parte de su vida de la que aún no habían dialogado. Era cristiana. Había tomado la decisión mucho tiempo atrás, en una clase bíblica, cuando tenía ocho años.

—Jeff, cuando hablé con tu Memaw, volví a sentir lo que sentí en aquel entonces. Me dijo que lo que estaba sintiendo era el Espíritu Santo, que nunca me había dejado.

Jeff comenzó a pensar en algo ocurrente para decir, pero vio que tenía lágrimas en los ojos. Así que no dijo nada.

Siguieron siendo novios. Acordaron no hablar de religión. Sin embargo, él notó que Emily comenzó a llevar una Biblia. También notó que comenzó a llevar con ella cierta sensación de paz.

Esa paz se hizo más evidente que nunca cuando su abuelo murió. Partió en diciembre, un domingo por la tarde. Memaw creyó que estaba durmiendo una siesta. No era así. Se había ido.

El funeral se celebró en la iglesia comunitaria. A Jeff le costó concentrarse. Al perder a su abuelo, se le vinieron a la mente recuerdos del funeral de sus padres. Se pasó todo el servicio conmemorativo llorando.

La familia se reunió después en casa de Maggie. Allí estaban todos los primos y unos cuantos tíos. Era un grupo que hablaba mucho. A Jeff le pareció que era un alivio, un paréntesis en la tristeza. Incluso se sorprendió riéndose con la historia de un primo. Por un momento, olvidó el motivo de la reunión.

Cuando ya todos se habían ido, Maggie les pidió a Emily y Jeff que tomaran asiento. Salió y volvió a entrar con una caja. Era de madera. Estaba pulida. La tapa tenía un pestillo. Le entregó la caja a Jeff. Tenía un sobre pegado en la tapa. Allí estaba escrito su nombre, garabateado con la letra de un médico.

Jeff miró a su abuela.

—¿Sabes qué es esto? —le preguntó.

—Lo sé, Jeff.

Una pequeña llave cayó del sobre cuando él extrajo una carta manuscrita de una página y leyó:

Mi precioso, precioso nieto.

No podría sentirme más orgulloso. Has soportado más dolor del que una persona debería haber soportado jamás, y lo has hecho con dignidad y valor.

Si estás leyendo esto, eso significa que mi espíritu ya no está más en esta tierra. He tenido una vida larga y rica. Parto sin ningún arrepentimiento. Solo me queda una tarea sin concluir. Tiene que ver contigo, mi Jeff.

Esto es lo que quiero que sepas. Tu salvación es lo último por lo que oré. Cada vez que oro, comienzo y termino pidiéndole a Dios que toque tu corazón. Así que sé, sin ninguna duda, que concluí mi última oración en esta vida pidiendo por tu salvación.

Esta caja que tienes en tus manos contiene algo que ojalá no necesites nunca. Oro para que así sea. Oro para te unas a tu madre, a tu abuela y a mí en la fe en Jesús. Con todo mi corazón, eso pido.

Sin embargo, si no lo haces, es posible que estés vivo cuando Jesús venga por su iglesia. Sé que no te gusta tener esta conversación. Sé que piensas que es una locura, una cosa anticuada. Pero, por favor, espérame un momento.

Es posible que estés vivo el día en que todo cambie. Me refiero a todo. De un momento a otro, las personas se esfumarán. Desaparecerán. Nadie podrá explicarlo.

Yo quiero explicártelo. Cristo vino por ellos. Se los llevó al paraíso y está preparándolos para que sean su novia celestial.

Sé que estás negando con la cabeza al leer esto. Así que me detendré aquí. Sin embargo, cerraré con una petición. Sé que eres un hombre de palabra, así que confío en que la honrarás. No abras esta caja a menos que llegue ese día.

No obstante, si ese día llega, ábrela. ¡Por el amor de Dios, ábrela!

Tienes que saber qué pasará. Si bien no puedo predecir los detalles, sé bien una cosa: los tiempos se pondrán difíciles. Guarda esta caja. Guarda la llave; y ten en claro que te amo.

Jeff le entregó la carta a Emily y miró a Maggie.

—¿Lo sabré cuando sea el momento de abrirla?

Maggie asintió.

Jeff volvió a guardar la llave en el sobre y dejó la caja en el sofá. No pudo evitar hacer una pregunta más.

—¿Tú sabes que contiene, Memaw?

Ella asintió.

Jeff y Emily condujeron de vuelta a Chicago. Intentaron hablar de la caja, pero ninguno de los dos sabía qué decir. Tan misteriosa. Tan críptica. Acabaron hablando de todo lo demás: el funeral, la familia, el frío clima de diciembre. Jeff, sin embargo, mantuvo su promesa. La caja permaneció cerrada en el armario de su apartamento.

El primer semestre llegó a su fin. Comenzó el segundo semestre.

Jeff y Emily estudiaron, trabajaron y recibieron el cálido clima de la primavera. Se enamoraron cada vez más. Las conversaciones sobre pasar un futuro juntos comenzaron a adquirir un tono serio. La vida parecía ser normal. Feliz. Vibrante.

Hasta aquella mañana de mayo.

El cordero toma el rollo

Nadie sabe con exactitud cómo será la vida en el mundo después del arrebatamiento. Sin embargo, una cosa es segura: será impactante para la sociedad en todo el mundo. Mientras que la iglesia estará celebrando con Jesús en una ceremonia con galardones y una boda, el mundo quedará aturdido y perplejo, intentando mantener algún tipo de equilibrio.

A las personas como Jeff les costará encontrarle el sentido a todo lo que sucederá. Si tuviera la oportunidad de dejar una nota para que la lea alguien como él, le diría a esa persona que lea uno de los grandes capítulos de la Biblia, el quinto capítulo de Apocalipsis. Esa sección, colmada de poder, describe el acontecimiento que preparará el escenario para la condición distópica de la tribulación.

En una visión, el apóstol Juan vio a Jesús en la sala del trono del cielo. A Jesús se lo identifica como «el León de la tribu de Judá» (Ap 5:5, LBLA). Juan también vio un rollo sellado siete veces en la mano de Dios Padre (Ap 5:1, NVI).

La pregunta principal de la visión tiene que ver con el rollo. Juan vio «a un ángel poderoso que proclamaba a gran voz: "¿Quién es digno de romper los sellos y de abrir el rollo?". Pero ni en el cielo ni en la tierra, ni debajo de la tierra, hubo nadie capaz de abrirlo ni de examinar su contenido» (Ap 5:2-3, NVI).

En el siglo I, el único documento que se sellaba con siete sellos era aquel que contenía la última voluntad y el testamento.[1] Para los primeros lectores de la visión, el rollo habrá sido una herencia. La pregunta del ángel era, en realidad: «¿Quién es digno de recibir la herencia del cielo, de ser el Rey del universo?».

¿La respuesta? *Nadie ni en el cielo ni en la tierra.*

Cuando Juan oyó esta noticia, comenzó a llorar. «Y yo lloraba mucho porque no se había encontrado a nadie que fuera digno de abrir el rollo ni de examinar su contenido» (Ap 5:4, NVI).

Si no hay nadie que pueda abrir el rollo, entonces no hay nadie que pueda heredar el reino. Juan lloró al pensar en el cosmos sin rey. Sin un cielo triunfante. Sin esperanza. Sin victoria. Sin razón alguna para hacer nada, salvo llorar. El doctor W. A. Criswell escribió:

> Las lágrimas de Juan representan las lágrimas de todo el pueblo de Dios a lo largo de los siglos. Son las lágrimas que derramaron Adán y Eva cuando vieron a su hijo Abel inmóvil, muerto, y sintieron las horribles consecuencias de su desobediencia. Son las lágrimas que derraman todos los hijos de Israel en cautiverio al clamar a Dios para que los libere de la aflicción y la esclavitud. Son las lágrimas y los sollozos arrancados del corazón y del alma del pueblo de Dios que sufre, junto a las tumbas de sus seres queridos, aquellos dolores y decepciones de la vida que no se pueden describir. Tal es la maldición que el pecado ha echado sobre la hermosa creación de Dios. Con razón Juan lloró con tanto fervor. Si no se encontraba ningún redentor que pudiera quitar la maldición, entonces la creación de Dios estaría para siempre condenada a permanecer en manos de Satanás.[2]

Hasta que entonces... Jesús. «Se acercó y recibió el rollo de la mano derecha del que estaba sentado en el trono» (Ap 5:7, NVI).

Jesús se acercó al Padre e hizo aquello que nadie más podía hacer: reclamó su herencia. Jesús, el león que era cordero, tomó las riendas de la historia humana. Él es el comandante, el general, la única autoridad. Es digno de abrir el rollo porque dio su vida por el reino.

Cuando los residentes del cielo vieron que Jesús tomó el rollo, comenzaron a adorar sin reservas. Se oyeron aleluyas por todas partes. Las cuatro criaturas vivientes adoraron. Los veinticuatro ancianos adoraron. Juan oyó «la voz de muchos ángeles [...]. El número de ellos era millares de millares y millones de millones» (Ap 5:11, NVI).

En un inmenso coro proclamaron: «¡Digno es el Cordero!» (v. 12).

No todos se alegraron. Satanás no entregaría el reino terrenal a Cristo. Jesús respondió a su rebelión con juicios. Los juicios servían para mostrar su superioridad sobre Satanás y para ofrecerles a los insensibles habitantes de la tierra una última oportunidad para que se arrepientan. A medida que Jesús rompía los sellos, se desataban calamidades. Las economías se desplomaban. El clima hacía estragos. Las personas como Jeff debían hacerle frente al sufrimiento y la confusión en la tierra.

Sin embargo, también ocurrió algo improbable.

Judíos por Jesús

En su visión, Juan ve cuatro ángeles que están listos para desatar la furia del juicio de Dios. No obstante, aparece otro ángel que les pide que aguarden. «¡Esperen! No hagan daño a la tierra ni al mar ni a los árboles hasta que hayamos puesto el sello de Dios en la frente de sus siervos» (Ap 7:3, NTV).

¿Quiénes son estos siervos? Juan nos lo dice: «Y oí el número de los que fueron sellados: ciento cuarenta y cuatro mil de todas las tribus de Israel» (Ap 7:4, NVI).

Juan ofrece dos detalles clave sobre estos siervos de Dios. Serán judíos y estarán «sellados». Es decir, estarán marcados, se los identificará como los elegidos de Dios. Más adelante, Juan nos dice que estar sellado es tener «el nombre del Cordero y el de su Padre escrito en la frente» (Ap 14:1, NTV). ¿Qué nombres son estos? ¿Adonai? ¿Jehová? ¿Elohim? No se nos dice. Una cosa es segura: tener tatuado el nombre de Cristo en el tiempo del anticristo no es algo menor. Previamente, Jesús había hecho esta promesa: «Al vencedor [...]; escribiré sobre él el nombre de mi Dios [...], y mi nombre nuevo» (Ap 3:12, LBLA). Estos recibirán la promesa.

Los siervos de Dios conformarán un batallón de primera. Satanás les lanzará su fuego y azufre, pero ellos no serán destruidos. Serán invencibles e inexpugnables. Su trabajo no será en vano. A la descripción de los 144 000 les sigue la aparición de una multitud incontable, lo que sugiere que el trabajo de estos judíos dará como resultado una cosecha masiva de almas.

«Después de esto miré y apareció una multitud tomada de todas las naciones, tribus, pueblos y lenguas; era tan grande que nadie podía contarla. Estaban de pie delante del trono y del Cordero, vestidos de ropas blancas y con ramas de palma en la mano» (Ap 7:9, NVI).

Este será el momento más magnifico de todos para el pueblo judío. Cuando Dios le prometió a Abraham que sus descendientes serían una bendición para el mundo, este acontecimiento formaba parte de su promesa. «¡Por medio de ti serán bendecidas todas las familias de la tierra!» (Gn 12:3, NVI). Los corazones que se mostraron duros hacia Dios se ablandarán ante la proclamación del evangelio de Jesús, lo que provocará un inmenso reavivamiento y hará que se cumpla la profecía de

Jesús se acercó al Padre e hizo aquello que nadie más podía hacer: reclamó su herencia. Jesús, el león que era cordero, tomó las riendas de la historia humana.

Cristo: «Y este evangelio del reino se predicará en todo el mundo como testimonio a todas las naciones; entonces vendrá el fin» (Mt 24:14, NVI).

Además de los 144 000 evangelistas judíos, habrá dos hombres que proclamarán sobre Cristo. «Y daré a mis dos testigos que profeticen por mil doscientos sesenta días, vestidos de cilicio» (Ap 11:3, RVR1960). Se pueden dar razones para argumentar que esos dos hombres serán Moisés y Elías. Uno es un legislador y el otro, un profeta. Aparecieron durante la transfiguración de Jesús; es posible que aparezcan en la tribulación. Los testigos tendrán poder para convertir el agua en sangre (Ap 11:6) y repetirán así el famoso milagro de Moisés (Éx 7:14-24). Tendrán poder para destruir a sus enemigos con fuego (Ap 11:5) y harán eco así de un acontecimiento de la vida de Elías (2 R 1).

Declararán la justicia de Dios en un mundo de maldad. En medio de la tribulación la bestia los matará y sus cadáveres serán expuestos en Jerusalén. No obstante, la muerte no es rival para el Dador de vida. Juan lo profetizó: «Después de tres días y medio entró en ellos el espíritu de vida enviado por Dios, y se levantaron sobre sus pies, y cayó gran temor sobre los que los vieron» (Ap 11:11, RVR1960). Como si con los doce grupos de 12 000 evangelistas y con los dos testigos resucitados no fuera suficiente, Dios liberará un ángel:

> Y vi a otro ángel, que volaba por el cielo y llevaba la eterna Buena Noticia para proclamarla a los que pertenecen a este mundo: a todo pueblo y toda nación, tribu y lengua. «Teman a Dios —gritaba—. Denle gloria a él, porque ha llegado el tiempo en que ocupe su lugar como juez. Adoren al que hizo los cielos, la tierra, el mar y todos los manantiales de agua». (Ap 14:6-7, NTV)

¡Esta es una cruzada evangelística de grandes dimensiones, que nació en el cielo! ¿Cuántas almas se salvarán? «Una multitud [...] tan grande que nadie podía contarla» (Ap 7:9, NVI). Sonrío cuando leo ese renglón. Me he pasado la vida adulta rodeado de predicadores y evangelistas. Algo que aprendemos a hacer muy pronto es a llevar un registro de la asistencia y contar bautismos. Ese día, sin embargo, nadie podrá tabular las salvaciones.

Entre ellos, al menos en mi imaginación, estará un joven Jeff. Terminemos este capítulo cerrando su historia. Recordarás que su novia era una seguidora de Cristo y desapareció en el arrebatamiento y que él se quedó con una caja en la mano que le regaló su abuelo creyente.

No es demasiado tarde

Jeff se sentó al borde del sofá. En una mano tenía la caja y en la otra, la llave. Miró la nota y luego miró por la ventana el lejano resplandor de una ciudad en llamas. Suspiró y releyó las palabras de su abuelo. Cuando llegó a la parte que dice: «De un momento a otro, las personas se esfumarán. Desaparecerán. Nadie podrá explicarlo», se preguntó, en un susurro: «Pop, ¿cómo lo sabías?».

Hizo girar la cerradura. Dentro de la caja había una gran cruz de oro y una cadena de oro. Había una segunda nota doblada que su abuelo había escrito en uno de sus talonarios para recetas.

> Jeff, ahora que ha llegado el caos, este mundo se volverá cada vez más oscuro. Huye a mi granja. Encontrarás provisiones para cualquier necesidad.
>
> Te ruego que reflexiones sobre lo que me has oído decir desde que eras joven. Jesucristo es el Señor de este universo. Murió para que puedas vivir con él para siempre. Acepta su invitación.
>
> Guarda esta cruz. En algún momento, en un futuro que le pido a Dios que sea cercano, te encontrarás con algunos judíos evangelistas. Verás que tendrán el nombre de Dios escrito en la frente. Cuando los veas, piensa en esta carta. Los evangelistas son la respuesta a nuestras oraciones por ti.

Jeff miró primero la cruz y luego la carta. Guardó ambas cosas en su bolsillo. Hubo un día en que habría atribuido ambas cosas a la locura de su abuelo. Pero ¿y ahora? Ahora no. No después de lo que había visto.

Tal y como su abuelo se lo había advertido, el mundo se volvió frío y se llenó de enojo. Si podía suceder algo malo, sucedía. El gobierno estadounidense, que en el pasado había sido un faro de esperanza, colapsó. La economía cedió el paso al socialismo. Estallaron pandemias en cada continente.

Jeff sobrevivió porque pudo irse a los terrenos de sus abuelos. Salvo por algunos vecinos de las fincas adyacentes, evitó a las personas. En los terrenos había un generador, una fuente de agua y un huerto. Pudo vivir fuera de la red y evitar las calamidades.

En la casa, se encontró con muchos ejemplares de la Biblia. Comenzó a leerla. Leyó y releyó sobre la vida de Cristo, la cruz y el sepulcro vacío. Leyó el Libro de Apocalipsis y reconoció que estaba viviéndolo en tiempo real.

Un día, un desconocido se le acercó en el camino. Jeff supo de inmediato quién era. Llevaba al cuello la cruz de Cristo. En la frente, tenía escrito el nombre de Dios. Cuando Jeff lo vio, rebuscó en su bolsillo, sacó la cruz que le había dado su abuelo tiempo atrás y se la colgó al cuello.

CAPÍTULO 12

Las coronas y el carmesí

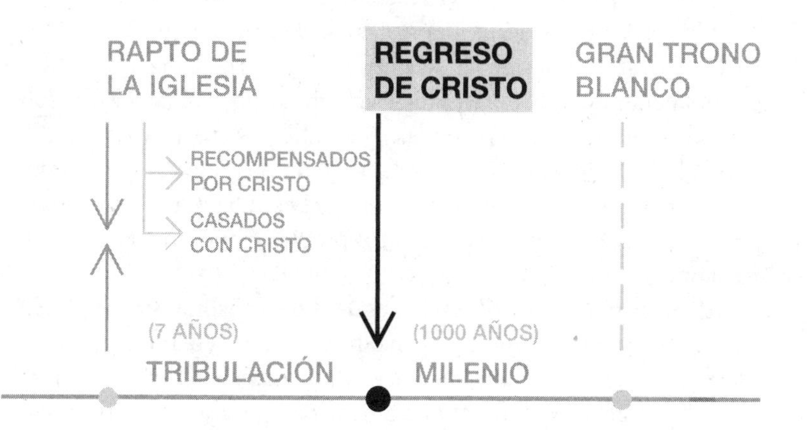

A TODOS NOS ENCANTA pensar en aquel Cristo en el pesebre. La imagen de Jesús en el establo de Belén nos reconforta el corazón. Cada diciembre, recreamos el momento en el jardín de nuestro hogar y bajo el pino de Navidad. En las tiendas se venden burros de plástico y pesebres de madera. La gente colecciona imágenes talladas a mano de María, José y el niño recién nacido.

Nos encanta aquel Cristo en el pesebre.

Nos gusta aquel amable Cristo Mesías, con niños sentados en su regazo y ovejas a su alrededor. El apóstol Juan se reclina sobre su pecho. María le unge los pies. Nadie tiene problema con aquel agradable rabino que ofrece consejos sabios, alimenta a las multitudes y repone el vino en una boda.

¿El Cristo en el pesebre? Maravilloso. ¿Cristo, el bondadoso? Nos parece encantador. Pero ¿Cristo, el Rey que vendrá? ¿En un semental? ¿Con un rugido desde el cielo? ¿Coronado con las diademas de sus enemigos? ¿Con la misión de destruir a los que destruyen a sus hijos?

El mundo no está tan familiarizado con esta imagen de Jesús. Sin embargo, es este el Jesús que el mundo pronto verá.

Nuestro Rey que vendrá

«Entonces vi el cielo abierto; y he aquí un caballo blanco, y el que lo montaba se llamaba Fiel y Verdadero» (Ap 19:11, RVR1960).

Con estas palabras, el apóstol Juan da inicio a su impactante y cinematográfica descripción del retorno de Jesús al planeta tierra. Para ese momento de la historia, la iglesia habrá sido arrebatada y recompensada y se habrá casado con Jesús. Tendremos cuerpos glorificados. Nos habremos encontrado con los seres queridos a quienes enterramos y habremos conocido a los héroes a quienes estudiamos. Ya no veremos por fe, sino que veremos con nuestros propios ojos el rostro de nuestro Redentor.

Para ese momento, los residentes de la tierra habrán soportado siete años de hambrunas, guerras, pandemias y caos. Habrá ascendido al poder un gobernante malvado que exigirá que se le adore y desafiará a Dios. Sin embargo, durante esta alteración apocalíptica, Dios salvará almas. Un ángel, dos testigos y 144 000 judíos evangelistas desencadenarán un despertar mundial.

En la rotonda de la Biblioteca del Congreso de Estados Unidos en Washigton D. C. están grabadas estas palabras: «Un Dios, una ley, un elemento, un divino acontecimiento muy remoto, hacia el que se dirige toda la creación».[1] El retorno de Jesús es aquel «divino acontecimiento muy remoto». Los detalles, los personajes, los antagonistas, los héroes, las subtramas: todas las cosas siguen su curso hacia aquel día. La historia de Dios nos lleva hacia una coronación anhelada por toda la creación. «Cristo fue supremo al principio y (primogénito de la resurrección) lo es al final» (Col 1:18, MSG).

Este es el día en el que se enfocan las profecías y el tema que domina las Escrituras. El profeta Isaías clamó: «Oh, si rompieses los cielos, y descendieras» (Is 64:1, RVR1960). El salmista coincidió con él al clamar: «Oh Jehová, inclina tus cielos y desciende; toca los montes, y humeen» (Sal 144:5, RVR1960). Pablo habló de «la esperanza bienaventurada y la manifestación gloriosa de nuestro gran Dios y Salvador Jesucristo» (Tit 2:13, RVR1960).

Las noticias del regreso de Cristo salen a borbotones de las Escrituras como si fueran un torrente de agua. A los discípulos deprimidos Jesús les aseguró: «Vendré otra vez» (Jn 14:3, RVR1960). Cuando Jesús ascendió, el ángel dijo a los discípulos: «Jesús [...] vendrá otra vez de la misma manera que lo han visto irse» (Hch 1:11, NVI). Pablo hizo referencia a «la venida de nuestro Señor Jesucristo» (1 Ti 6:14, NVI). Pedro afirmó: «El día del Señor vendrá» (2 P 3:10, NVI). Judas anunció: «Miren, el Señor viene con millares y millares de sus santos» (Jud v. 14, NVI).

La segunda venida de Cristo se menciona más de trescientas veces en la Biblia: en promedio, una vez cada veinticinco versículos.

Como indiqué anteriormente, la segunda venida de Cristo se menciona más de trescientas veces en la Biblia: en promedio, una vez cada veinticinco versículos.[2]

Lee nada más la forma en que Jesús la describió:

> ¡Entonces, será la llegada del Hijo del hombre! Llenará los cielos; nadie se la perderá. En todo el mundo, las personas desprevenidas, ajenas al esplendor y al poder, se lamentarán enormemente al ver al Hijo del hombre resplandecer en el cielo. En ese mismo momento, él enviará a sus ángeles con un toque de trompeta, y reunirán a los elegidos de Dios de todas partes del mundo. (Mt 24:30-31, MSG)

Jesús llena el párrafo de signos de exclamación y relámpagos. Mira esas frases: «llenará los cielos», «se lamentarán enormemente», «ver al Hijo del hombre resplandecer». Es como si todos los grandes acontecimientos de la historia se fusionaran en un solo momento. El tsunami del océano Índico y el Día de la Victoria. Una parte negra como la peste y otra parte verde como la esperanza. Se derrumba el muro de Berlín, erupciona el monte Vesubio, el Enola Gay lanza la bomba y se descubre la penicilina, todo en un mismo segundo. Todo lo bueno y todo lo malo, todo lo que puede cambiar, cambia, y lo hace todo al mismo tiempo.

La visión que comparte Juan del retorno de Cristo es más que suficiente para que se te acelere el pulso. (Si padeces de alguna condición cardíaca, tómate un comprimido de nitroglicerina, por favor). «Vi el cielo abierto» (Ap 19:11, NVI). Como si el cielo fuera un pañuelo azul y unas manos lo tiraran para abrirlo. Al hacerlo, Juan vio a Jesús en un caballo blanco. Los lectores del siglo I sabían que los reyes que habían salido vencedores regresaban de la batalla montados en un semental blanco. Jesús regresará en victoria absoluta.

Aparecerá con «muchas diademas» (Ap 19:12, NVI) sobre su cabeza. En los tiempos antiguos, cuando un rey vencía a un enemigo, se ponía la corona del rey derrotado. Jesús descenderá con todas las diademas de los que pretendían ser reyes. ¿Cuántas coronas usó Satanás en Apocalipsis 12? Siete. ¿Cuántas coronas usó el anticristo en Apocalipsis 13? Diez. Al final, Satanás no tendrá ninguna corona. El anticristo no tendrá ninguna corona. Los demonios no tendrán coronas. Ni los dictadores ni los oligarcas tendrán coronas. Será la gran descoronación. Solo Jesús estará coronado.

Descenderá sobre el monte de los Olivos, el mismo lugar desde el que ascendió al cielo. Esto es lo que profetizó Zacarías y lo que prometió el ángel. Zacarías predijo: «Y se afirmarán sus pies en aquel día sobre el monte de los Olivos» (Zac 14:4, RVR1960). Luego de que Jesús ascendiera desde el monte de los Olivos, el ángel les dijo a los discípulos que Jesús «vendrá otra vez de la misma manera que lo han visto irse» (Hch 1:11, NVI).

Sus ojos aparecerán como «llama de fuego» (Ap 19:12, RVR1960). Lo verá todo. No habrá ningún rincón en la tierra ni en los corazones que estén ocultos para él. Él usará «una ropa teñida en sangre» (Ap 19:13, RVR1960). El color carmesí es una prueba de compra, una escritura de venta, un recordatorio de que «Cristo pagó para librarnos de la maldición de la ley» (Ga 3:13, PDT). Él está en todo su derecho para heredar el reino. Pagó por nosotros. Es el «Cordero que fue sacrificado desde la creación del mundo» (Ap 13:8, NVI).

Un caballo blanco. Innumerables diademas. Ojos resplandecientes. Una túnica ensangrentada. Este no es tu Jesús bebé, manso y tierno. Este es tu Jesús Rey, poderoso y airado. Observa el lenguaje militar:

«Juzga [...] y hace una guerra justa» (Ap 19:11, NTV). «De su boca salía una espada afilada para derribar a las naciones» (Ap 19:15, NTV).

Nuestro Rey vencedor

¿Cuáles son estas naciones y qué han hecho para sufrir esta arremetida divina? Son renegados descaradamente malvados. Han amenazado con el puño a Jesús. Se han puesto por completo en contra de Dios y del reino.

La epístola de Judas proporciona claridad a este acontecimiento: «He aquí, vino el Señor con sus santas decenas de millares, para hacer juicio contra todos, y dejar convictos a todos los impíos de todas sus obras impías que han hecho impíamente, y de todas las cosas duras que los pecadores impíos han hablado contra él» (Jud vv. 14-15, RVR1960).

Se menciona a los *impíos* tres veces. Jesús lidiará con los que lo desafíen.

Estas personas podrían haberse arrepentido antes de la tribulación. Dios habló a través de milagros del universo y de las palabras de las Escrituras.

Los rebeldes podrían haberse arrepentido después del arrebatamiento. Sin embargo, aunque vieron la señal espectacular de una iglesia raptada, no se les ablandó el corazón.

Los insurgentes podrían haberse arrepentido en cualquier momento durante los siete años de calamidad. Sin embargo, «ni aun así se arrepintieron de las obras de sus manos, ni dejaron de adorar a los demonios [...] y no se arrepintieron de sus homicidios, ni de sus hechicerías, ni de su fornicación, ni de sus hurtos» (Ap 9:20-21, RVR1960). Seguramente oyeron el mensaje de los 144 000 evangelistas. Desde luego, oyeron hablar de los dos testigos y del ángel que volaba anunciando el evangelio. Hubo grandes multitudes que oyeron y creyeron, pero ellos, en cambio, oyeron e ignoraron.

¿Quiénes son los anarquistas? Son los reyes de este mundo que se reunieron para la batalla de Armagedón (Ap 16:12-16); se unieron para hacerle la guerra a Jesús (Ap 17:14). «Y vi a la bestia, a los reyes de la tierra y a sus ejércitos, reunidos para guerrear contra el que montaba el caballo, y contra su ejército» (Ap 19:19, RVR1960).

Seamos claros. Estas no son personas que quieren conocer a Cristo, pero tienen dificultades para lograrlo; no son individuos que quieren seguir a Jesús, pero tropiezan. Estos son rebeldes malos hasta la médula que escogen a Satanás antes que a la salvación. Blasfeman contra Dios y asolan a los inocentes. Se han arrodillado ante el anticristo y le han dado la espalda al Cristo viviente. Se han reunido con la absurda idea de que son más poderosos que Jesús.

El Rey ha venido para aclararles las cosas.

Y tú estarás allí para ver cómo lo hace. ¿Estás sorprendido? Si es así, permíteme mostrarte un versículo que lleva tu nombre y el mío: «Y los ejércitos celestiales, vestidos de lino finísimo, blanco y limpio, le seguían en caballos blancos» (Ap 19:14, RVR1960).

Allí estarás tú. Allí estaré yo. La novia de Cristo. Vestida con ropas nupciales. ¡A ensillar! Descenderemos con nuestro Rey sobre nuestros sementales.

Hay una canción de góspel que comienza con estas palabras: «Quiero un boleto de ida al cielo. No volveré a estos lados nunca más».[3] Comprendo el sentimiento, pero la estrofa es inexacta. No tienes un boleto solo de ida al cielo. Tienes un boleto de ida y vuelta que te llevará al cielo para que recibas tus recompensas y vivas tu boda y luego te traerá de regreso a la tierra para la batalla final. «He aquí, vino el Señor con sus santas decenas de millares» (Jud v. 14, RVR1960).

Si te preocupa, no obstante, participar del conflicto, no te preocupes. Aunque formarás parte del ejército, no lucharás contra el enemigo. Esa es una tarea para nuestro General. Con una sola arma, Jesucristo aniquilará a todos los que se opongan a él. Serán «aniquilados por la espada del que montaba el caballo, la espada que sale de su boca» (Ap 19:21, MSG). Con una sola palabra de la boca de Jesús será suficiente. Bastó con que le dijera una palabra a la higuera para que muriera, a la tormenta para que se calmara y al esclavo moribundo para que se sanara. Con una sola palabra será suficiente para castigar a las naciones.

Esta no será una guerra extensa y prolongada. Será una batalla sin descargas, sin idas y vueltas. Jesús obtendrá la victoria en un instante. Lanzará al falso profeta y al anticristo al lago de fuego (Ap 19:20). Dios invitará a las aves del cielo a darse un atracón con los muertos. A esta matanza se la llama «la gran cena de Dios» (Ap 19:17, RVR1960).

Y así, la tribulación llegará a su fin. La tierra será purgada y será hecha pura. Comenzará la coronación de Cristo y Jesús hará honor al nombre que tendrá escrito en su muslo: «REY DE REYES Y SEÑOR DE SEÑORES» (Ap 19:16, RVR1960).

¿Qué debemos hacer nosotros con esta impresionante profecía? ¿Cómo debemos procesarla?

Yo sugiero que nos la tomemos en serio.

Nuestro Rey cautivador

En mayo de 1942, el general Douglas MacArthur le hizo una promesa al pueblo filipino. El general estaba al mando de las fuerzas aliadas en el Pacífico Sur. Luego de que las tropas estadounidenses y filipinas se vieran obligadas a rendirse ante el ejército invasor japonés, MacArthur le aseguró al pueblo que lo volverían a ver. Mandó a imprimir folletos con las palabras «Volveré» y los distribuyó por las islas. Cumplió su promesa. Regresó. Para julio de 1945, el país había sido liberado. Un mes después, la Segunda Guerra Mundial llegó a su fin.[4]

Cristo ha hecho mucho más que repartir folletos. Entró al vientre de una campesina judía. Caminó por los senderos polvorientos de nuestro mundo. Murió como un pecador y resucitó del sepulcro como un Salvador. Prometió en múltiples ocasiones que regresaría. Descenderá ceñido con todas las coronas y vestido con una túnica carmesí. La segunda venida de Cristo será diferente de la primera.

La primera venida se trató de la salvación. La segunda se tratará de la coronación. En su primera venida, Jesucristo vino a buscar y a salvar. En la segunda, vendrá a gobernar y reinar. Cuando Jesús vino por primera vez, hombres malvados lo acusaron falsamente. Cuando venga por segunda vez, él juzgará con justicia a los malvados. Cuando vino, sus ojos lloraron delante de la tumba de Lázaro. Cuando reaparezca, sus ojos resplandecerán con fuego. Los soldados le pusieron a Jesús una corona de espinas. Cristo descenderá ceñido con todas las coronas de la historia. La gente se rio de él en su primera venida. Todo el mundo se inclinará delante de él en su segunda venida.

«Que, ante el nombre de Jesús, se doble toda rodilla en el cielo y en la tierra y debajo de la tierra, y toda lengua declare que Jesucristo es el Señor para la gloria de Dios Padre» (Fil 2:10-11, NTV).

Según el cálculo de la Oficina del Censo de Estados Unidos, desde los albores de la humanidad han nacido 106 mil millones de personas.[5] Cada una de ellas se arrodillará delante de Jesús.

¿Quiénes se arrodillarán?

Todos *en el cielo*. Moisés, María, tu abuelo, mi hermano mayor, cada uno de los habitantes del paraíso.

Todos *en la tierra*. Esto incluye a las incontables almas que se salvarán y a los de corazón duro que se perderán durante la tribulación. Los demonios que merodean por la tierra mostrarán sumisión a regañadientes. Los ángeles que protegen la tierra se arrodillarán alegremente.

Todos *debajo de la tierra*. Incluso en el hades rendirán adoración. El hombre rico que ignoró a Lázaro. Judas, quien traicionó a Jesús. Acab y Jezabel, quienes intentaron matar a Elías. Amán, quien planificó el primer holocausto. Todos se inclinarán ante Cristo.

Este pensamiento extraordinario merece una pregunta directa. Sabiendo que tendremos que arrodillarnos ante él ese día, ¿cómo deberíamos vivir en la actualidad? ¿No debería su venida estimular nuestra reverencia y activar nuestra obediencia?

En el Cementerio Nacional de Arlington tenemos un ejemplo de cómo debemos estar preparados. Los hombres y las mujeres que vigilan la Tumba del soldado desconocido muestran fidelidad a un nivel incomparable. Dedican ocho horas a preparar sus uniformes. Usan guantes mojados para mejorar el agarre del fusil. Se coloca un cambrillón dentro de cada zapato para que el soldado pueda hacer chocar los tacones.

Sabiendo que tendremos que arrodillarnos ante él ese día, ¿cómo deberíamos vivir en la actualidad?

El centinela marcha de la misma manera una y otra vez: da veintiún pasos, hace una pausa de veintiún segundos, se pasa el fusil al otro hombro y vuelve a dar veintiún pasos. Repite esta secuencia hasta que es relevado en el cambio de guarda.

Durante los meses de verano, los soldados hacen guardias de treinta minutos. En invierno, las guardias son de sesenta minutos. Cumplen con su tarea en el calor de agosto y en el frío de enero. La rutina no varía nunca, ni siquiera por la noche, cuando el cementerio permanece cerrado. Cuando el huracán Isabel atravesó la zona en 2003, los soldados no se detuvieron nunca. Ni una vez. Cayeron árboles y el viento azotó el lugar, pero ellos se mantuvieron en sus puestos.

Han mantenido esta vigilancia cada día desde 1921.[6]

Extraordinario.

Pregunta: si ellos pueden mostrar tal lealtad, y con justa razón, a soldados desconocidos y fallecidos, ¿no podemos nosotros hacer lo mismo por nuestro Rey? Si esos centinelas están dispuestos a patrullar en honor a quienes se sacrificaron, ¿no podemos hacer aún más por nuestro Rey, quien hizo el sacrificio mayor? Somos miembros de su batallón. Estamos alistados en su regimiento. Volveremos a estar con él algún día. ¿No podemos servirlo hoy?

Permíteme ser específico. ¿Qué puedes hacer hoy en honor a tu Rey? ¿Qué actos de amabilidad puedes llevar a cabo? ¿Qué ofensas puedes perdonar? ¿Qué tentación puedes resistir? ¿Qué disciplina puedes comenzar? ¿Qué sacrificio puedes hacer? ¿Qué acto de amor puedes mostrar?

Comportémonos como lo que hemos sido llamados a ser: soldados del ejército del Rey de reyes que regresará.

El Cristo del pesebre es ahora el Cristo con las coronas. Regresará pronto.

CAPÍTULO 13

Dios recuperará su jardín

EN BUSCA DE LA UTOPÍA conduje hasta Utopía. El viaje es rápido y agradable; manejas desde San Antonio por la autopista 90 en dirección oeste y enseguida llegas a Utopía, en Texas, un pueblito con 227 habitantes.

Quería hacer algunas averiguaciones para este capítulo, así que conversé con más o menos seis lugareños, todos ellos súperamistosos, por cierto. Recuerdo que hablé con dos personas que trabajaban en la tienda de piensos, el dueño de una gasolinera y dos señoras en un restaurante, una de ellas era camarera y la otra era la dueña del negocio. Todos estuvieron dispuestos a contestar mi pregunta: «¿Por qué la ciudad se llama Utopía?». La respuesta más común que obtuve fue que un cartero le cambió el nombre al pueblo en 1880 porque quería atraer colonos.

El autor del término *utopía* fue Tomás Moro, un filósofo católico romano que lo usó por primera vez hace más de quinientos años. Designaba una sociedad ficticia e idílica que existía en una isla remota en algún sitio del Atlántico. A través de los siglos esta palabra se ha convertido en símbolo de un lugar de perfección, igualdad, armonía y prosperidad.

Dicho esto, y sin ánimo de ofender, puedo afirmar con toda confianza que Utopía en Texas no es una sociedad utópica. El pueblito está lejos de ser perfecto: había una calle que necesitaba reparación, la sequía había afectado el río Sabinal; pude ver árboles con enfermedades, y una vieja caravana en muy mal estado mostraba que algunos vivían en la pobreza. Varios residentes de toda la vida se quejaban de la llegada de nuevos habitantes y el rápido aumento del precio de las tierras y los ranchos.

Así que Utopía no es Utopía.

Sí, nuestro mundo está patas arriba

Dentro de nosotros todos los seres humanos anhelamos un lugar de justicia y de seguridad, un espacio en el que reinen la moral y la compasión, donde haya paz en la tierra y buena voluntad para con los hombres. No estamos satisfechos. ¡Anhelamos Utopía!

¿Podré ver tal sociedad en este mundo? ¿Se levantará algún gobierno que haga honor al nombre de Utopía y resuelva los problemas de corrupción, delincuencia y codicia? La verdad, me temo que no. Podemos pintar las letras en grandes letreros, pero los hombres son totalmente incapaces de crear una sociedad perfecta. ¿Quieres que te diga por qué estoy tan seguro?

La primera razón es porque *el diablo está al acecho*. Satanás no es un término que define el mal, sino una persona que encarna la maldad; es un espíritu, un ángel caído, que quiere tu ruina con todo su corazón. «¡Estén alerta! Cuídense de su gran enemigo, el diablo, porque anda al acecho como un león rugiente, buscando a quién devorar» (1 P 5:8, NTV).

Engaña, roba y destruye; así que Utopía es imposible mientras Satanás ande suelto.

La segunda razón es que *la gente rechaza a Jesús*. La mayor parte del mundo no quiere tener nada que ver con él; las personas anhelan los favores del salvador: queremos bondad, inclusión, perdón, es decir, las bendiciones del reino de Cristo. ¿Pero un Rey como autoridad absoluta? ¿Que el rey de los cielos tenga la última palabra sobre nuestras vidas? Ah, no, ya eso es otra cosa. De hecho, solo un 39 % de los estadounidenses afirma leer porciones de la Biblia varias veces al año y el 10 % dice hacerlo todos los días.[1]

En resumen: la gente no consulta a Jesús. La mayoría cree que sus palabras son irrelevantes y en nuestros hogares, escuelas e incluso iglesias no se oye hablar de Cristo.

En apariencia el mundo es una comarca sin rey. Jesús tiene toda autoridad sobre el cielo y la tierra (Mt 28:18), pero millones de insurgentes se oponen a su gobierno. Forman parte de una camarilla que desea asestar un golpe de estado. Por ahora, Dios sigue respondiendo a los creyentes la oración que dice: «Venga tu Reino. Hágase tu voluntad» (Mt 6:10, RVR1995), sin embargo la plegaria debe también recibir respuesta a nivel social. Es por eso que Utopía es un sueño y no una realidad.

Satanás anda suelto.

La gente rechaza a Jesús.

Otra razón es que *nuestros gobernantes son injustos* y los pecadores gobiernan este mundo. Por cada persona buena, justa y decente que ejerce autoridad hay muchísimos individuos que viven solo para sus intereses. ¿Podemos esperar que exista Utopía si los líderes oprimen a los débiles, malversan fondos y ocultan la verdad? Ellos, como nosotros, no cumplen las normas de Dios y sobra decir que los gobernantes injustos no pueden legislar con rectitud.

Entonces, ¿hay esperanzas? ¿Se verá alguna vez en esta tierra una época de abundancia y provisión, o llorará para siempre bajo el yugo del pecado y la influencia de Satanás?

Cuando este mundo esté al derecho

En el vigésimo capítulo del Apocalipsis tenemos una respuesta sorprendente y poderosa. Juan describe un período de mil años de paz y prosperidad en el mundo entero. Durante ese tiempo, Satanás será capturado y encarcelado, mientras que Jesús se sentará en su trono y recibirá adoración. Nosotros, los santos redimidos, cumpliremos nuestra encomienda divina y reinaremos con él como gobernantes justos sobre la tierra.

En Apocalipsis 19 se describe el regreso de Jesús y de sus santos ángeles. Descenderá con gran poder y castigará a los principales causantes de la tribulación: la bestia, el falso profeta y las huestes de maldad. La última persona mencionada es Lucifer, quien por los siglos ha oprimido a la humanidad como «el dios de este mundo» (2 Co 4:4, RVR1995) y el «príncipe de la potestad del aire» (Ef 2:2, RVR1995). El descenso de Jesús a la tierra significará la prisión de Satanás.

«Luego vi a un ángel que bajaba del cielo con la llave del abismo sin fondo y una pesada cadena en la mano» (Ap 20:1, NTV).

En la revelación de Juan, esta no es la primera vez que se menciona el «abismo sin fondo». En un pasaje anterior, Juan relata cómo un ángel caído recibe la llave del abismo y lo abre para desatar a todo tipo de demonios (Ap 9:1-11). Sin embargo, esta vez ocurrirá todo lo contrario.

«[El ángel] sujetó con fuerza al dragón —la serpiente antigua, quien es el diablo, Satanás— y lo encadenó por mil años. El ángel lo lanzó al abismo sin fondo y lo encerró con llave para que Satanás no pudiera engañar más a las naciones hasta que se cumplieran los mil años. Pasado ese tiempo, debe ser soltado por un poco de tiempo» (Ap 20:2-3, NTV).

Mira, yo he visto todo tipo de profundidades: pozos de caliche hondos, fosas de basura hondas, cuevas, huecos y cavidades hondas e incluso axilas hedi*ondas*. Sin embargo, nunca he visto un abismo sin fondo. Ese es el que le espera a Lucifer; el ángel caído será para siempre el ángel cayendo, agitándose y girando sin aterrizar jamás.

Tras siglos de hacer daño, luego de dos testamentos de racismo, misoginia y conflicto; después de ocasionar mucho dolor, derramamiento de sangre, quebraderos de cabeza y angustia más allá de lo que las palabras pueden describir, Satanás ya no estará más en escena.

¿Te imaginas nuestro mundo sin él? Sin desesperanza, sin momentos de miedo ni sentimientos de tristeza, desengaño, enfermedad o división. Satanás permanecerá encarcelado por diez siglos gloriosos; todavía no será enviado al infierno. «El ángel lo lanzó al abismo sin fondo y lo encerró con llave para que Satanás no pudiera engañar más a las naciones hasta que se cumplieran los mil años. Pasado ese tiempo, debe ser soltado por un poco de tiempo» (Ap 20:3, NTV).

¿Por qué hay que liberar a Satanás? Antes de responder Juan describe lo que vio. «Después vi tronos, y los que estaban sentados en ellos habían recibido autoridad para juzgar» (Ap 20:4, NTV).

¡Esos somos nosotros! Rescatados, arrebatados, renovados y recompensados. Ahora casados y con autoridad para juzgar. Adán y Eva recibieron este poder, pero renunciaron a sus tronos. Nosotros, como sus descendientes, ejerceremos nuestro papel de coherederos con Jesús en el reino.

Se nos unirán los creyentes de la tribulación. «Vi las almas de aquellos que habían sido decapitados por dar testimonio acerca de Jesús y proclamar la palabra de Dios. Ellos no habían adorado a la bestia ni a su estatua, ni habían aceptado su marca en la frente o en las manos» (Ap 20:4, NTV).

A pesar de lo horripilante que será la tribulación, habrá un avivamiento tan grande que será imposible contar la cantidad de almas que se salvarán. Algunos de estos miembros de la resistencia celestial serán martirizados y otros lograrán sobrevivir. Estos últimos entrarán en el milenio con cuerpos mortales, mientras que a los mártires, aquellos que perecieron durante la batalla contra Satanás, Dios los resucitará y los pondrá a reinar con Cristo.

Juan describe: «... reinaron con Cristo durante mil años» (Ap 20:4, NTV).

Asegúrate de que las palabras «con Cristo» estén resaltadas en negrita y subrayadas dos veces. Cristo reinará en la tierra, asumirá su trono y cumplirá el pacto hecho con David: «Y será afirmada tu casa y tu reino para siempre delante de tu rostro, y tu trono será estable eternamente» (2 S 7:16, RVR1960).

El trono de David estaba en Jerusalén, así que el trono de Jesús en la tierra estará allí también. El ángel le dijo a Gabriel: «Este será grande, y será llamado Hijo del Altísimo; y el Señor Dios le dará el trono de David su padre» (Lc 1:32, RVR1960).

No lo olvides: Jesús reinará y gobernará en la tierra. Nosotros (los raptados, recompensados y casados) reinaremos y gobernaremos junto a él; los santos de la tribulación también reinarán con él.

Pero ¿sobre quién gobernaremos? ¿quiénes serán nuestros súbditos? Ten en cuenta que, aunque muchas personas morirán en la tribulación, muchas sobrevivirán. Entre ellas figuran los 144 000 evangelistas judíos y sus conversos. Dicho remanente repoblará la tierra de Dios en sus cuerpos mortales; y nosotros los gobernaremos.

Los tres obstáculos que impedían la utopía serán superados.

¿Satanás al acecho? No, en el milenio *será atado.*

La gente rechaza a Jesús en nuestros días, pero en el milenio Cristo *será entronizado.*

Gobernantes injustos son los que hoy tienen la autoridad; sin embargo, en el milenio los justos *serán los que ejerzan el poder.*

¿El resultado? ¡Utopía! No habrá conflictos. «El lobo vivirá con el cordero, el leopardo se echará con el cabrito, y juntos andarán el ternero y el cachorro de león» (Is 11:6, NVI). La naturaleza estará en armonía. Los osos no atacarán y los tiburones no morderán.

No existirán conflictos entre las naciones: «El SEÑOR mediará entre las naciones y resolverá los conflictos internacionales. Ellos forjarán sus espadas en rejas de arado y sus lanzas en herramientas para podar. No peleará más nación contra nación, ni seguirán entrenándose para la guerra» (Is 2:4, NTV).

Quienes tengan cuerpos mortales vivirán largas vidas. «Los bebés ya no morirán a los pocos días de haber nacido, ni los adultos morirán antes de haber tenido una vida plena. Nunca más se considerará anciano a alguien que tenga cien años» (Is 65:20, NTV).

Este mundo, tan torcido, se enderezará. Aquellos que sufrieron el rechazo en esta vida serán valorados en la vida futura; los esclavizados y vendidos, gobernarán y reinarán; quienes sufrieron discapacidades y enfermedades, servirán con cuerpos perfectos y glorificados; las innumerables víctimas de tiranos crueles, regirán con justicia; los abortados y desechados obtendrán recompensa, serán consultados y servirán ante Jesús.

Entonces se cumplirán los cuatro pactos que Dios hizo:

- En el Edén: los hijos de Dios gobernarán la creación.
- A Abraham: Israel tendrá su tierra.
- A David: su trono tendrá su rey.
- A Jeremías: tu pueblo experimentará la renovación espiritual.

Suena como el paraíso, ¿no es así? Es como el final perfecto, la gran conclusión de la historia de Dios. Aquí, tiene su jardín y sus hijos perfectos reinan con él en una tierra perfecta.

Este mundo, tan torcido, se enderezará. Aquellos que sufrieron el rechazo en esta vida serán valorados en la vida futura; los esclavizados y vendidos, gobernarán y reinarán; quienes sufrieron discapacidades y enfermedades, servirán con cuerpos perfectos y glorificados.

Sin embargo, aquí viene la sorpresa. ¿Recuerdas la frase entre paréntesis sobre Satanás? «Pasado ese tiempo, debe ser soltado por un poco de tiempo» (Ap 20:3, NTV).

Juan describe lo que sucede después.

> Cuando se cumplan los mil años, Satanás será liberado de su prisión. Saldrá para engañar a las naciones—llamadas Gog y Magog—por todos los extremos de la tierra. Las reunirá a todas para la batalla: un poderoso ejército tan incalculable como la arena de la orilla del mar. Y los vi cuando subían por toda la anchura de la tierra y rodeaban al pueblo de Dios y a la ciudad amada; pero cayó fuego del cielo sobre el ejército que atacaba y lo consumió. (vv. 7-9, NTV)

Satanás será liberado por un corto tiempo y formará a un grupo de rebeldes. ¿Quién se atrevería a enfrentarse al Rey Jesús? «Gog y Magog» se refiere a los enemigos de Dios que viven en lugares distantes (Ez 38–39). Estos son aquellos que están lejos de Jesús, tanto geográfica como temporalmente, separados de la tribulación por el tiempo y de la presencia de Jesús por la distancia. Alejados de su historia, lejos de Cristo.

Blancos fáciles para Satanás.

Sin embargo, no habrá ninguna guerra y Juan lo previó: «... pero cayó fuego del cielo sobre el ejército que atacaba y lo consumió» (Ap 20:9, NTV).

La batalla terminará antes de empezar. Satanás será arrojado al lago de fuego, donde será atormentado y desaparecerá para siempre.

Por desgracia, no estará solo; Juan revela otros sucesos futuros y aquí habla del más impactante de la historia: el juicio de los impíos. Sin embargo, antes de seguir en este punto deberíamos hacernos la pregunta: ¿cuáles lecciones aprendemos del milenio?

Lecciones del milenio

Mi lista consta de dos ideas fundamentales.

No podemos ignorar la depravación de la naturaleza humana. Ni siquiera mil años de paz y bonanza limpiarán el corazón humano de su naturaleza egoísta. Habrá quienes estén dispuestos a seguir a Satanás.

¿Quiénes son estos individuos que se dejarán atraer por las promesas de un mundo perfecto durante el milenio?

Por esos tiempos coexistirán dos tipos de personas: los que tendrán cuerpos glorificados y los que tendrán cuerpos mortales. Los primeros fueron redimidos en el rapto o resucitados después de la tribulación.

El resto de la población serán aquellos que fueron salvos durante la tribulación. Entrarán en el milenio con cuerpos mortales, disfrutarán vidas largas, maravillosas y tendrán descendencia, como aparece en Isaías 65:20. Si bien todavía conservarán su naturaleza corrompida, no serán tentados a pecar, porque Satanás estará atado y el mismísimo Señor Jesús reinará sobre la tierra. Cuando el diablo sea liberado al final del milenio, su carácter será el mismo y saldrá a «robar, matar y destruir» (Jn 10:10, NVI).

Aunque resulte difícil de creer, Satanás no estará solo en su rebelión. Así como Adán y Eva pecaron en el paraíso, muchos habitantes del milenio harán lo mismo. Según Apocalipsis 20:8, Satanás reunirá un ejército enorme, «como la arena del mar» (LBLA). No obstante sus esfuerzos, la rebelión será inútil y su fracaso evidenciará la naturaleza pecaminosa de los hombres.

Incluso en los mejores escenarios, como el Edén o el milenio, Satanás seducirá a algunas personas. Necesitamos un salvador y la gracia de Dios para estar en el cielo; cuando empecemos nuestro estado eterno en el paraíso, reconoceremos que estamos allí por la gracia de Dios. No podemos subestimar nuestra depravación.

Tampoco podemos dudar de la absoluta soberanía de Dios.

Dios cumplirá su propósito, el cual vemos desde las primeras páginas de la Biblia.

> Dios creó a los seres humanos a su imagen y los bendijo con estas palabras: «¡Sean fructíferos y multiplíquense; llenen la tierra y sométanla; dominen a los peces del mar y a las aves del cielo, y a todos los animales que se arrastran por el suelo!». (Gn 1:27-28, NVI)

Desde un principio, el plan de Dios fue que sus hijos habitaran y cuidaran el paraíso. Aunque nuestros ancestros fallaron, el Señor siempre mantuvo su determinación. A pesar de que Adán y Eva se apartaron de él, Dios nunca se alejó de nosotros. El paraíso perdido en Génesis se recupera en el paraíso de Apocalipsis.

Lo que Dios dice que sucederá, ¡sucederá!

¿No necesitamos hoy recordar el control de Dios? ¿No anhelamos la seguridad de su mano firme para guiar a la humanidad? ¿No necesitamos oír a toda hora la historia del plan y propósito divinos?

> A pesar de que Adán y Eva se apartaron de él, Dios nunca se alejó de nosotros. El paraíso perdido en Génesis se recupera en el paraíso de Apocalipsis.

La historia de un pequeño llamado Beckham refleja la providencia de Dios. Lo encontraron vagando, hambriento, por las calles de Burundi cuando era pequeño y lo llevaron a un orfanato. Después, un padre soltero del noroeste de Estados Unidos lo adoptó. Aunque el fin era bueno, el padre adoptivo no pudo atender las exigencias del pequeño. Luego de unos años, la agencia de adopción tuvo que buscar una nueva familia para Beckham.

Se envió una alerta llamada «adopción de segunda oportunidad» a posibles familias y agencias en todo el país, la cual describía a Beckham como «un niño precioso, necesitado de una familia que le brindara un hogar y supliera sus necesidades». La noticia llamó la atención de Maegan y su esposo, quienes ya tenían dos hijos, pero oraban por un tercero.

Contactaron con la agencia y, según las leyes del estado, la familia debía pasar una semana con Beckham para evaluar la compatibilidad. Encantados con la idea, viajaron al noroeste a fin de recoger al niño y se dirigieron a una casa en la playa de Oregón. La semana fue maravillosa, llena de risas, juegos y alegría. La última noche, Thomas, el padre, mencionó que el viaje estaba llegando a su fin y que regresarían a casa al día siguiente.

Esa noche, cuando todos estaban en la cama, Maegan y Thomas oyeron a Beckham llorando en su habitación. Al preguntarle qué le sucedía, no pudo responder. Le insistieron, y aún luchaba por encontrar las palabras. Al fin preguntó: «¿He sido lo suficientemente bueno?» y les contó a sus futuros padres que le habían dicho que el viaje era una prueba y que si se portaba bien tendría un nuevo hogar.

Thomas abrazó a Beckham y le dijo: «Te elegimos para estar en nuestra casa antes de conocerte. Hicimos una promesa y la vamos a cumplir».

Hoy, Beckham prospera con su familia para siempre.

Nuestro Padre ha hecho una promesa idéntica a sus hijos. Antes de que el pecado entrara en el corazón de la humanidad, la salvación estaba en el corazón de Dios. Él hizo un pacto y sus promesas son firmes. Su decisión es inamovible; así que recuperará su jardín y nosotros lo disfrutaremos con él.

> Antes de que el pecado entrara en el corazón de la humanidad, la salvación estaba en el corazón de Dios.

En este mundo patas arriba, ¿no es reconfortante saber que todo volverá a estar en orden?

Quizás la Utopía de Texas no haga honor a su nombre, pero ¿la Utopía en el plan de Dios? Espera y verás.

CAPÍTULO 14

Donde el alma va a morir

¿TE HAS FIJADO QUE TU NOMBRE APARECE en casi todos los documentos importantes? Tu certificado de nacimiento indica dónde naciste y quiénes fueron tus padres. Si vas a exceso de velocidad y un policía te detiene en la carretera al momento te pide la licencia de conducción.

Si tienes pasaporte, fíjate que tiene tu nombre. ¿Tienes un acta de matrimonio? Encontrarás tu nombre junto al de tu cónyuge. ¿Tienes tarjetas de seguridad social, diplomas o documentos hipotecarios? Tu nombre figura en todos esos papeles, ¿no es así?

Y, sin embargo, existe un documento muchísimo más importante que todos los anteriores. Está en la Biblia y se llama «libro de la vida». ¡Ahí sí que debe aparecer tu nombre porque, de hecho, un día no vas a necesitar licencias de conducción, pasaportes ni tarjetas de seguridad social; ¡serán reliquias de días lejanos! Por otro lado, que tu nombre aparezca o no en el libro de la vida es algo que definirá tu destino eterno.

Este libro se leerá durante el juicio ante el gran trono blanco, un suceso que tendrá lugar al final del milenio. Jesús habrá supervisado un mundo de paz, prosperidad y justicia. Satanás estará atado. La bondad abundará. Cuando termine dicho período, Satanás recibirá su merecido: agonía eterna en el lago de fuego.

«Y el diablo que los engañaba fue lanzado en el lago de fuego y azufre, donde estaban la bestia y el falso profeta; y serán atormentados día y noche por los siglos de los siglos» (Ap 20:10, RVR1960).

El ángel caído caerá por última vez y jamás volveremos a escuchar de él. ¡Hasta nunca, Lucifer!

Tal momento es el fin de la historia terrenal que nosotros conocemos. Termina el reino del milenio y se inicia nuestro estado eterno. No obstante, antes de que comiencen los tiempos futuros, se dictará una sentencia de gran importancia para los hombres.

> Y vi un gran trono blanco y al que estaba sentado en él, de delante del cual huyeron la tierra y el cielo, y ningún lugar se encontró para ellos. Y vi a los muertos, grandes y pequeños, de pie ante Dios; y los libros fueron abiertos, y otro libro fue abierto, el cual es el libro de la vida; y fueron juzgados los muertos por las cosas que estaban escritas en los libros, según sus obras. Y el mar entregó los muertos que había en él; y la muerte y el Hades entregaron los muertos que había en ellos; y fueron juzgados cada uno según sus obras. Y la muerte y el Hades fueron lanzados al lago de fuego. Esta es la muerte segunda. Y el que no se halló inscrito en el libro de la vida fue lanzado al lago de fuego». (Ap 20:11-15, RVR1960)

Un escritor, con toda razón, calificó este pasaje como el más «serio, aleccionador y sombrío de toda la Biblia»[1] ya que describe el veredicto final de la historia y el momento más oscuro de los tiempos. Juan contempla un:

- gran (formidable)
- trono (autoridad)
- blanco (puro)

Al ver el trono, también observa el fin de los cielos y de la tierra que nosotros conocemos: «ningún lugar se encontró para ellos» (Ap 20:11, RVR1960). Nuestro mundo dejará de existir.

A esto le sigue la escena de un juicio. Jesús está sentado en el trono, el lugar que le corresponde; y Dios le ha dado «autoridad de hacer juicio, por cuanto es el Hijo del Hombre» (Jn 5:27, RVR1960).

Todo saldrá a la luz

No nos gusta oír la expresión «día del juicio final», ni nos agrada la imagen del momento en que Dios ajustará cuentas con la humanidad. Por eso escuchamos la frase: «No me digas lo que está bien y lo que está mal»; ¡qué ironía! Rechazamos el juicio, pero valoramos la justicia, aunque lo segundo es imposible sin lo primero. En el cielo, nuestro hogar eterno, habrá justicia. Por eso, la descripción del juicio (Ap 20) precede a la descripción que hace Juan de nuestro hogar eterno (Ap 21).

En el juicio, ¿quiénes están ante Jesús? «Y vi a los muertos, grandes y pequeños, de pie ante Dios [...] y fueron juzgados los muertos [...] el mar entregó los muertos que había en él [...] y la muerte y el Hades entregaron los muertos que había en ellos» (Ap 20:12-13, RVR1960).

Los «muertos» son los incrédulos, ya que nosotros los creyentes seremos arrebatados antes del milenio. Estaremos a salvo y no compareceremos en el juicio de los rebeldes. Te pregunto: ¿has aceptado a Jesús como tu salvador? Si es así, entonces este mensaje es lo más cerca que estarás del juicio ante el gran trono blanco. Solo los incrédulos estarán presentes.

Todos los injustos que hayan vivido desde el principio de los tiempos hasta el final del milenio serán juzgados ante el gran trono blanco. ¡Se encontrarán con Dios! Se escondieron, se burlaron de él, lo negaron, lo blasfemaron, pero ahora lo verán cara a cara. La mayoría de ellos murieron antes del rapto de la iglesia, unos durante la tribulación y otros a mediados o al final del milenio cuando cayó fuego del cielo y los consumió.

Aunque sean de diferentes épocas, todos comparecerán. Dios dará la orden y sus cuerpos saldrán del mar, las tumbas y los sepulcros. Llamará a sus almas desde el Hades y se reunirán sin gloria ante el trono; allí estarán «pequeños y grandes, de pie ante Dios» (Ap 20:12, RVR1960).

Pequeños y grandes, mendigos y príncipes, amas de casa y reinas, pordioseros y oligarcas, reclusos y multimillonarios tecnológicos, ¡todos comparecen! Aquí no importan ni el estatus social, ni el nivel de ingresos ni los diplomas. Los sueños y los planes serán polvo y óxido; ¿dónde están los trofeos del jugador más valioso, los premios Pulitzer o los diplomas de doctorado?

Aquí solo hay libros: «… los libros fueron abiertos; y otro libro fue abierto, el cual es el libro de la vida. Y fueron juzgados los muertos por las cosas que estaban escritas en los libros» (Ap 20:12, RVR1960).

Se presentarán dos pruebas documentales. Serán varios libros y un libro que narra con lujo de detalles las acciones de cada persona. «Porque Dios traerá toda obra a juicio, junto con todo lo oculto, sea bueno o sea malo» (Ec 12:14, LBLA).

Las acciones de los creyentes también están documentadas, pero existe una diferencia enorme porque «ya no hay ninguna condenación para los que están en Cristo Jesús» (Ro 8:1, NVI). Jesús llevó nuestras acciones pecaminosas a la cruz y cuando lo *recibimos* como salvador «anuló el acta con los cargos que había contra nosotros y la eliminó clavándola en la cruz» (Col 2:14, NTV). Jesús murió por nuestros pecados y ahora nuestros nombres figuran en el libro de la vida.

Ahora bien, ¿qué pasa con los que nunca *aceptaron* a Cristo como salvador o los que decidieron *rechazarlo*? Bueno, todas sus acciones saldrán a la luz.

¿Te imaginas algo más serio y aterrador?

«Fulanito, esta es tu lista de ofensas: juzgaste a tu compañera de clases como alguien inferior por el color de su piel, engañaste a tu profesor y copiaste la tarea de otro alumno, golpeaste a tu hermana y luego dijiste que no habías sido tú y además mentiste sobre tus deberes».

Piensa por un momento; si página tras página se revelan los pecados de la adolescencia, ¿cómo serán las acusaciones de la adultez? «Le dijiste a tu mujer que irías a un viaje de negocios y la engañaste». «Menganita, coqueteaste con el esposo de tu amiga, maldijiste a tus hijos».

¡Será terrible! Habrá una audiencia, sin abogado, acusaciones sin refutación, inculpación sin segundo interrogatorio, sin pesquisa, sin jurado ni defensa, solo las iniquidades.

Sus hechos los condenarán y no podrán defenderse porque será obvio que son culpables. «Y el que no se halló inscrito en el libro de la vida fue lanzado al lago de fuego» (Ap 20:15, RVR1960). ¡Así de simple!

Todos los injustos que hayan vivido desde el principio de los tiempos hasta el final del milenio serán juzgados ante el gran trono blanco. ¡Se encontrarán con Dios!

¿Decidimos nuestro destino?

Este veredicto nos muestra la más sombría de las realidades bíblicas: el infierno. Los diferentes autores de las Escrituras usaron la tinta más oscura para describirlo. Hablan de la «densa oscuridad» (Jud v. 13, NVI), de la «eterna perdición» (2 Ts 1:9, RVR1995), del «lloro y el crujir de dientes» (Mt 8:12, RVR1960).

Es un tema horrible y quizás por eso evitamos mencionarlo; ¿no has notado cómo lo minimizamos? Decimos, ese partido estuvo «infernal». ¿Por qué no usamos calificativos menos lúgubres? Nunca decimos: ese partido de béisbol fue un «cáncer», o ese filete está peor que una «hambruna».

Lo evadimos con opiniones elevadas; *yo jamás seguiré a un Dios que manda personas al infierno*; ¡cuán presuntuosos! Dios no tiene que rendirnos cuentas.

En nuestros sermones, convertimos el infierno en un arma. Los predicadores gritan «¡conviértete o arderás en el infierno!» en mensajes cargados de vergüenza, escasos de esperanza y carentes de amor.

Te aseguro que si alguien toma el infierno a la ligera es porque no lo ha considerado a profundidad. Quien reflexiona seriamente en el tema va a lidiar con esta pregunta: «¿Cómo puede un Dios de amor enviar a la gente al infierno?».

El quid de la interrogante es la interrogante en sí misma. Cuando usamos el término «gente» transmitimos cierta neutralidad e inocencia. Sin embargo, los condenados al infierno no son inocentes, ¡son prófugos! Ese es el lugar que los rebeldes escogieron, es el corredor de la muerte de los sediciosos. El infierno no está reservado para quienes batallan con sus pecados pero buscan a Dios, sino para quienes lo desafían y persisten en sus rebeliones. Es para aquellos que, en cuanto a Jesús, afirman: «No queremos que él sea nuestro rey» (Lc 19:14, NTV). Por eso, como máxima expresión de justicia, nuestro Dios respeta su preferencia y les concede su deseo.

> Te aseguro que si alguien toma el infierno a la ligera es porque no lo ha considerado a profundidad.

¿Crees que debería imponer sus deseos y sus planes a quienes lo rechazan? ¡Claro que no! Los insurgentes se pasan la vida ignorando sus mensajes y burlándose de su nombre. Ante Dios se presentarán todos los que «se negaron a adorarlo [...] Cambiaron la gloria de Dios, que sostiene el mundo entero en sus manos, por figuritas baratas que se pueden comprar en cualquier puesto de carretera» (Ro 1:21, 23, MSG).

Pásate la vida diciéndole a Dios que te deje en paz y, al final, lo hará.

Dios no manda a nadie al infierno, las personas deciden ir voluntariamente.

Marchan hacia las llamas eternas a pesar de las constantes advertencias de Jesús. El 13 % de las enseñanzas de Cristo menciona el juicio eterno y el infierno;[2] y dos tercios de sus parábolas abordan el tema de la resurrección y el juicio;[3] nuestro Señor no era arrogante ni caprichoso, pero sí directo. A menudo usaba el calificativo «afuera». «Átenlo de pies y manos, y échenlo afuera, a la oscuridad» (Mt 22:13, NVI). ¿Fuera de qué? Del cielo, por supuesto, del reino, de la redención, del tribunal de apelaciones y de toda esperanza.

¿Recuerdas la historia del hombre rico que estaba en tormentos? Abraham, desde el paraíso, le dijo: «... una gran sima está puesta entre nosotros y vosotros, de manera que los que quisieren pasar de aquí a vosotros, no pueden, ni de allá pasar acá» (Lc 16:26, RVR1960). El infierno no es un reformatorio donde se santifica a los pecadores, ni un purgatorio donde se purga el mal; es una «noche eterna».[4]

Dios expresa otra vez su justicia al castigar según el delito. Así como existen grados de recompensa en el cielo, también hay niveles de sufrimiento en el infierno. «¿Cuánto mayor castigo pensáis que merecerá el que ha hollado bajo sus pies al Hijo de Dios, y ha tenido por inmunda la sangre del pacto por la cual fue santificado, y ha ultrajado al Espíritu de gracia?» (He 10:29, LBLA).

No todos los malos son igual de malos. Algunas personas decentes rechazan a Jesús y piensan que su decencia las salvará, pero están muy equivocadas.

Otros ni siquiera tratan de mostrar bondad, así que esclavizan a sus semejantes, abusan de los niños y maltratan a los inocentes. Tales sujetos experimentarán el dolor que merecen porque

> Dios no manda a nadie al infierno, las personas deciden ir voluntariamente.

el castigo será proporcional al crimen,[5] «y todos fueron juzgados según lo que habían hecho» (Ap 20:13, NTV).

Pero ¿cómo es el infierno?

La definición ortodoxa por excelencia lo describe como un tormento consciente y eterno; es ser separados de la presencia de Dios para siempre y quedar abandonados en las tinieblas «donde el gusano de ellos no muere, y el fuego no se apaga» (Mr 9:48, LBLA).

¿Existe algo más deprimente?

Otros ven el infierno como el sitio donde el alma va a morir, no a sufrir; un lugar de *muerte eterna*, no un lugar donde el alma es castigada constantemente *por la eternidad*. Una cámara de ejecución en lugar de una cámara de tortura. Borra a Dios de tu vida, y Dios te borrará a ti de la siguiente.

El lenguaje de ciertos pasajes de la Escritura respalda dicha interpretación.

«[Los malos] serán castigados con *destrucción* eterna, separados para siempre del Señor y de su glorioso poder» (2 Ts 1:9, NTV, énfasis añadido).

«Solo queda la terrible expectativa del juicio de Dios y el fuego violento que *consumirá* a sus enemigos» (He 10:27, NTV, énfasis añadido).

«Porque de tal manera amó Dios al mundo, que dio a su Hijo unigénito, para que todo aquel que cree en Él, no se *pierda*, mas tenga vida eterna» (Jn 3:16, LBLA, énfasis añadido).

«Destrucción», «consumirá», «pierda». ¿Lenguaje de aniquilación, tal vez? Satanás y sus secuaces sufrirán para siempre. ¿Pero los insurgentes? Luego de un sufrimiento proporcional, ¿serán eliminados? Espero que así sea.[6]

Al final, mi opinión y la tuya no importan. Podemos debatir sobre la naturaleza del infierno, sin embargo, el único que puede definirla es el Señor. Contra él se han sublevado los rebeldes y han pecado los pecadores; así que solo él conoce cuántas invitaciones han despreciado los duros de corazón, las calumnias que han dicho y el dolor que han infligido; él sí sabe el veredicto para los amotinados. Se hará justicia.

Si algo queda claro es que el infierno es horrible. Es, sin dudas, un tema angustioso e inquietante que resulta triste para nosotros y aún más para Dios. Jamás vemos en las Escrituras que el Señor se deleita al emitir este veredicto. Todo lo contrario, afirma: «No me complace la muerte de los perversos. Solo quiero que se aparten de su conducta perversa para que vivan» (Ez 33:11, NTV).

¿No amaba Jesús la ciudad de Jerusalén y se sintió afligido cuando su pueblo lo rechazó? «¡Oh Jerusalén, Jerusalén, la ciudad que mata a los profetas y apedrea a los mensajeros de Dios! Cuántas veces quise juntar a tus hijos como la gallina protege a sus pollitos debajo de sus alas, pero no me dejaste» (Mt 23:37, NTV).

Aquel día, su corazón estaba apesadumbrado, y lo estará también en el día del juicio.

El juicio ante el gran trono blanco será un acontecimiento triste y difícil; ¿qué haremos en ese momento?

¡Sí, nosotros decidimos!

Lo bueno de esta mala noticia es que nada de esto tiene que sucederte porque Cristo ha hecho todo lo necesario para llevarnos al cielo. ¿Recuerdas la pregunta «¿Cómo puede un Dios amoroso enviar a las personas al infierno?». Bueno, podemos hacerla desde otra perspectiva: «¿Cómo puede un Dios de justicia permitir que los pecadores entren en el cielo?». ¿La respuesta? Jesucristo; porque él se hizo carne, vivió una vida perfecta, murió como un pecador y resucitó de entre los muertos para validar su autoridad sobre la vida y la muerte. ¡Ya lo ha hecho todo! Él se pone entre nosotros y las puertas del infierno y dice: «Sobre mi cadáver».

El 12 de diciembre de 1984, una espesa niebla cubrió toda una autopista al sur de Londres. A las 6:15 de la mañana, un camión sufrió un accidente. En pocos minutos, más automóviles comenzaron a chocar también con los autos del primer accidente. Diez personas murieron en el siniestro; entonces dos agentes de policía llegaron al lugar y empezaron a hacer señas a los demás automóviles para que se detuvieran. Muchos conductores los ignoraron y se adentraron en la niebla. Los policías empezaron a gritar e incluso lanzaron conos de tráfico a los parabrisas, para alejar a los vehículos de una destrucción segura.[7]

¿Cuántas veces Jesús ha hecho lo mismo? Nos ha advertido miles de veces y ha colocado señales de «No entrar» en la carretera que conduce al infierno. Los que se adentran en la destrucción eterna lo hacen con los ojos cerrados y los oídos tapados ante sus constantes avisos.

¡No los imites!

Hace algunos años decidí llevar a Denalyn a un restaurante de lujo para una cena de aniversario. El lugar era uno de esos que tienen un precio excesivo. Me llené de valor y llamé para reservar.

> Lo bueno de esta mala noticia es que nada de esto tiene que sucederte.

Ahora bien, si una persona hace una reserva en un restaurante, su nombre figura en el libro de reservas. Para sentarme a una mesa, mi nombre obligatoriamente tiene que aparecer en el libro.

Sin embargo, la encargada de las reservas no tenía buenas noticias.

—Lo siento, todas las mesas están ocupadas.

—¿Todas?

—Todas.

—¿Entonces qué hago?

Silencio en la línea. Luego respondió:

—Puede venir y esperar.

—¿Ir y esperar?

—Sí, a veces alguien cancela a última hora y si usted está en la sala de espera en ese momento, entonces yo le asigno esa mesa.

—Ah, ya, pero bueno no hay garantías.

—No.

—No es seguro.

—No.

—Quizás nos vestimos y todo eso y al final no podemos entrar, ¿eh?

—Sí, eso pudiera pasar.

A decir verdad, no me gusta para nada la idea de decirle a Denalyn que se vista, que nos vamos a sentar en una sala de espera a ver si nos dan de comer.

Necesito que el restaurante y la mesa estén garantizados y que mi nombre aparezca en el libro de reservas.

Por supuesto que deseo muchísimo más que mi nombre esté en el libro de Dios. ¿Y tú? ¿No lo quieres también? Mira, escucha, no esperes que así sea, tienes que asegurarte de que eso suceda. Cristo ya nos dijo que sí, ahora nos toca a nosotros decirle que sí a él.

CAPÍTULO 15

¡Al fin en casa!

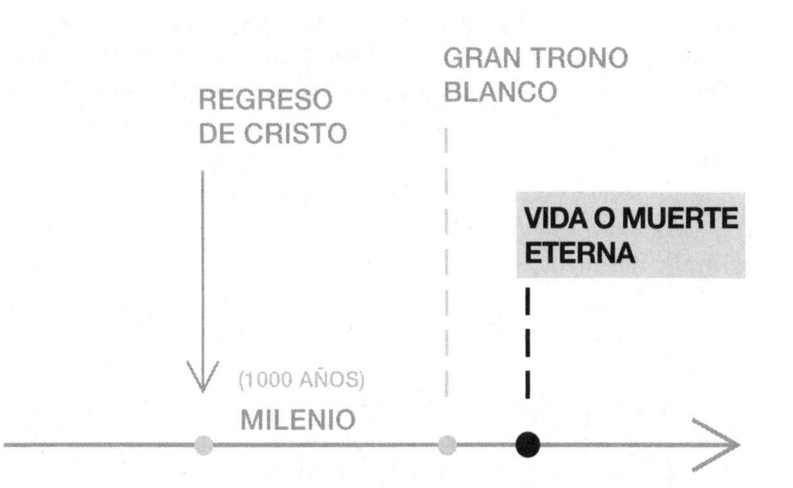

MI SOBRINA MICHELLE fue adoptada en 1969 cuando solo era una bebé de cuatro meses. Creció en un hogar lleno de amor y cuidado. Ella y su esposo, Jason, criaron a dos maravillosas hijas y sus vidas han sido extraordinarias. En 2023, Michelle recibió una gran sorpresa: su familia biológica la contactó luego de años de búsqueda. Por años lo habían intentado y lo consiguieron gracias a la nueva tecnología de rastreo parental.

Michelle viajó desde Texas hasta Luisiana y Misisipi para conocer en persona a su familia biológica. Allí descubrió que tiene un medio hermano y una media hermana por parte de su madre, y tres medias hermanas por parte de su padre. Este no estaba seguro de que ella existiera, lo que añadió emoción al encuentro. Fue un suceso especial entre hermanastros, familiares y amigos. Compartieron comidas, historias e hicieron presentaciones. Michelle envió fotos de la reunión a toda nuestra familia; se la veía feliz y más de una vez incluyó este comentario: «Dijeron que siempre me habían estado buscando».

Hay mucho de «evangelio» en el comentario, porque desde Génesis hasta Apocalipsis la Biblia relata esa historia de búsqueda divina. Dios te busca, espera con ansias el momento de tu conexión eterna con Él y ha preparado una nueva vida para ti.

La Biblia usa la palabra *paraíso* para describir ese tipo de vida.

Como vimos en el capítulo 6, los creyentes que fallezcan antes del rapto entrarán directamente en la presencia de Dios, en un lugar conocido como paraíso. Sin embargo, es importante destacar que el paraíso no es lo mismo que el cielo en cuanto a plenitud, ya que es un estado temporal, mientras que el cielo es eterno. La transición del paraíso a nuestro hogar en el cielo será un evento único en la historia bíblica.

En Apocalipsis 21:1 leemos: «Después vi un cielo nuevo y una tierra nueva, porque el primer cielo y la primera tierra habían dejado de existir, lo mismo que el mar» (NVI).

La tribulación termina justo cuando entramos en nuestra nueva etapa de la línea de tiempo divina. Para esta fecha ya el reinado de mil años de Cristo terminó y el mal fue eliminado por completo en el juicio del gran trono blanco. Los villanos y sus secuaces fueron cortados y excluidos, así que la última era ha llegado.

El pecado trajo la muerte a la humanidad, pero también a la creación: «… la tierra se envejecerá como ropa de vestir» (Is 51:6, RVR1960). El salmista estuvo de acuerdo: «En el principio tú afirmaste la tierra [...] perecerán [...] se desgastarán como un vestido. Y como ropa los cambiarás, y los dejarás de lado…» (Sal 102:25-26, NTV).

Este cambio es vital para nuestro planeta. Como Pablo señala:

> La creación aguarda con ansiedad la revelación de los hijos de Dios, porque fue sometida a la frustración. Esto no sucedió por su propia voluntad, sino por la del que así lo dispuso. Pero queda la firme esperanza de que la creación misma ha de ser liberada de la corrupción que la esclaviza, para así alcanzar la gloriosa libertad de los hijos de Dios. (Ro 8:19-21, NVI)

El griego tiene dos palabras para «nuevo»: *néos* y *kainós*. La primera se usa para hablar de algo «nuevo en el tiempo», como cuando decimos: «es hora de comenzar el nuevo semestre». Por otro lado, *kainós* «denota "nuevo", o lo que no se usa o no es habitual, no "nuevo" en el tiempo, reciente, sino en cuanto a forma o calidad».[1] En este caso, lo nuevo es, en general, «diferente y de mejor calidad que lo antiguo».[2] Este es precisamente el término que Juan usó en Apocalipsis 21:1. La nueva tierra será una versión mejorada de la antigua, un planeta renovado y con el esplendor del principio.

Dios va a recuperar su creación porque él es alguien que restaura y renueva, no que destruye. Las Escrituras están llenas de palabras que comienzan con «re»: *renacimiento*, *redención*, *recuperación*, *resurrección*. A Dios le gusta renovar y restaurar. Jesús usó este lenguaje con sus discípulos cuando dijo: «Les aseguro que cuando el mundo se renueve y el Hijo del Hombre se siente sobre su trono glorioso, ustedes que han sido mis seguidores también se sentarán en doce tronos para juzgar a las doce tribus de Israel» (Mt 19:28, NTV).

Dios devolverá su gloria original a cada átomo, insecto, animal y galaxia. No hacerlo sería admitir que no tiene poder para crear. La destrucción del universo significaría aceptar que no puede recuperarlo y renovarlo. Sin embargo, rescatarlo y redimirlo es una muestra más de la autoridad suprema de nuestro Hacedor.

Dios devolverá su gloria original a cada átomo, insecto, animal y galaxia.

Será el nuevo comienzo que Juan avizoró.

La ciudad santa

«Y yo Juan vi la santa ciudad, la nueva Jerusalén, descender del cielo, de Dios, dispuesta como una esposa ataviada para su marido» (Ap 21:2, RVR1960).

Es la primera vez que Juan habla de este modo. Los capítulos anteriores contienen más de veinticinco afirmaciones del tipo «yo vi». Vio «un caballo blanco», «un ángel de pie», «la bestia», «los reyes de la tierra», «un ángel que descendía» y más (6:1-15; 19:11, 17, 19; 20:1; ver también 20:4, 11, 12; 21:1).

Sin embargo, Juan hace algo diferente cuando ve la nueva Jerusalén; personaliza el momento: «Y yo Juan vi la santa ciudad, la nueva Jerusalén» (Ap 21:2). Parece como si no pudiera creer que él fuera testigo de esta maravillosa ciudad. Es como un arqueólogo que descubre la piedra de Rosetta, o un violinista que toca un Stradivarius por primera vez. Juan contempla la joya del cielo, la nueva Jerusalén.

Llama a Jerusalén «*santa* ciudad».

Como explica un comentarista, «una ciudad santa será aquella donde no se dirá ninguna mentira en cien millones de años, donde nunca se pronunciará una palabra mala, no se hablará de negocios turbios, no se verá ninguna imagen impura, y donde no habrá corrupción. Será santa porque todos en ella serán santos».[3]

¿Cómo podría ser Jerusalén una ciudad santa? «Ya no habrá maldición» (Ap 22:3, NVI). La maldición es la consecuencia del pecado, el remanente de la rebelión. En el jardín del Edén, Adán y Eva pecaron al esperar que un árbol les diera lo que solo Dios podía ofrecer: vida.

Pecar es recurrir a cualquier persona o cosa en busca de aquello que solo Dios puede ofrecer. Es buscar el propósito de nuestra vida en cuerpos tonificados o títulos académicos prestigiosos; buscar consuelo en el alcohol o en encuentros sexuales pasajeros para aplacar el sufrimiento; y tratar de aliviar la culpa mediante actividades religiosas. Pecamos cuando esperamos que lo terrenal supla lo divino. ¡El pecado complica nuestra vida! La vuelve tan compleja como un cubo de Rubik.

Calcula el tiempo que invertimos corrigiendo los errores del pecado de ayer: luchando contra malos hábitos, evitando relaciones tóxicas y lamentando malas decisiones. ¿Cuánta energía gastas arreglando las decisiones pasadas? La vida es complicada hoy porque pecamos ayer.

¿No sería tu vida mucho más sencilla si nunca hubieras pecado? ¿Si nunca hubieras desobedecido a Dios, ignorado sus enseñanzas o te hubieras rebelado contra su voluntad? Imagina eliminar de tu vida las peleas, las borracheras, las resacas, las adicciones, las discusiones, la lujuria y los remordimientos. ¿No se volvería la vida increíblemente mejor?

Multiplica esa sensación por miles de millones e imagina lo distinto que sería el mundo si nadie hubiera pecado jamás.

En un mundo así, las naciones coexistirían en paz y prosperidad, libres de conflictos y carencias. Las palabras se usarían para construir y enriquecer, no para difamar, y las relaciones se basarían en la confianza y la fidelidad. Las explosiones de violencia y las tensiones desaparecerían, y la gente viviría sin temor a la opresión o el crimen.

No nos endeudaríamos tratando de impresionar a otros con posesiones superfluas. En una sociedad sin errores ni pecados del pasado, nos enfocaríamos en un futuro sin tropiezos ni remordimientos.

Eso es el paraíso. «Ya no habrá maldición» (Ap 22:3, NVI).

No habrá lucha con la tierra ni sentimientos de vergüenza ante Dios. Las tensiones entre las personas desaparecerán y la muerte dejará de ser una realidad. El destierro de la maldición restaurará al pueblo de Dios y al universo a su estado original.

Dios tiene espacio para ti

La nueva Jerusalén será «dispuesta como una esposa ataviada para su marido» (Ap 21:2, RVR1960).

¿Quieres echar un vistazo a tu nueva casa? Bueno, Juan puede ayudarte.

> El ángel que hablaba conmigo tenía en la mano una vara de oro para medir la ciudad, sus puertas y su muralla. Cuando la midió se dio cuenta de que era cuadrada, que medía lo mismo de ancho que de largo. En realidad, medía 2220 kilómetros de largo, lo mismo de alto y lo mismo de ancho. (Ap 21:15-17, NTV)

Imagínate el tamaño de la nueva Jerusalén: tiene aproximadamente 2220 kilómetros de longitud, anchura y altura. Es tan grande que podría abarcar desde la costa este de los Apalaches hasta la costa oeste, o incluso desde Canadá hasta México. ¡Es cuarenta veces más grande que Inglaterra, diez veces más grande que Francia y también supera el tamaño de la India!

Eso es solo la planta baja. La ciudad tiene la misma altura que anchura. Si imaginamos que Dios construye la ciudad en niveles, como lo haría un arquitecto con un rascacielos, la nueva Jerusalén tendría seiscientos mil pisos; así que hay espacio de sobra para miles de millones de personas.[4]

¡Hay espacio de sobra para ti!

¿Te has dado cuenta de lo saturado que está este mundo? Tu padre no tenía un lugar para ti en su agenda, tu jefe no lograba encontrar espacio para ti, la escuela parecía no tener sitio para ti.

Pronto nos damos cuenta de la naturaleza limitada de los recursos;

No habrá lucha con la tierra ni sentimientos de vergüenza ante Dios. Las tensiones entre las personas desaparecerán y la muerte dejará de ser una realidad. El destierro de la maldición restaurará al pueblo de Dios y al universo a su estado original.

no hay mucho espacio. Como consecuencia, nos excluyen, limitan, desechan y rechazan.

Entonces nos volvemos precavidos. Frente a recursos limitados, acumulamos y nos aferramos a nuestro dinero por temor a quedarnos sin él. En el trabajo, competimos con colegas por miedo a perder nuestro empleo; y, ante la amenaza de perder terreno, levantamos vallas o entramos en conflictos.

Pero Dios, al mostrar las dimensiones de nuestro futuro hogar, nos asegura: «¡Hay espacio de sobra para todos!». «Luego el ángel me mostró un río de agua de vida [...] A cada lado del río estaba el árbol de la vida, que produce doce cosechas al año, una por mes» (Ap 22:1-2, NVI).

El árbol en el paraíso es tan grande que se extiende a ambos lados del río y su cosecha es tan generosa que se necesitan doce meses para recogerla. Es una ciudad vasta, con provisiones en abundancia.

¿No es una maravillosa noticia? ¿No es una gran esperanza para aquellos que cuentan cada centavo, para los que llaman hogar a las chozas, para quienes viven no mes a mes, sino minuto a minuto? Jesús dijo: «Bienaventurados vosotros los pobres, porque vuestro es el reino de Dios» (Lc 6:20, RVR1960).

Sin embargo, ¿nos atrevemos a confiar en esta promesa? La respuesta está cincelada en los cimientos de la Nueva Jerusalén.

Dios tiene gracia para ti

«Tenía un muro grande y alto con doce puertas [...] y nombres inscritos, que son los de las doce tribus de los hijos de Israel [...] y el muro de la ciudad tenía doce cimientos, y sobre ellos los doce nombres de los doce apóstoles del Cordero» (Ap 21:12, 14, RVR1960).

¿Quiénes son los doce hijos de Israel cuyos nombres vemos en las puertas de la ciudad? Entre ellos están Simeón y Leví, dos hermanos que convencieron a un grupo de hombres para que se circuncidaran y después, al tercer día, los atacaron y acabaron con todos (Gn 34). Judá, otro de los doce, confundió a su nuera con una prostituta, se acostó con ella y la dejó embarazada (Gn 38). Nueve de los hermanos hicieron un plan para matar a su hermano menor, José, y lo habrían hecho si no hubiera sido por la ayuda de Rubén. Al final, vendieron a José como esclavo en Egipto (Gn 37).

Buscapleitos, tramposos y mentirosos. Parece más la gente de un club a las 2:00 a. m. que el salón de la fama de la fe. Sin embargo, estos son los nombres grabados en la puerta de la nueva Jerusalén.

¿Qué tal si hablamos de los nombres en los cimientos? Pedro, el apóstol que eligió salvar su vida antes que la de su Salvador (Mt 27:69-74); Santiago y Juan, quienes querían los mejores asientos en el cielo (Mt 20:20); y Tomás, el incrédulo, quien insistió en ver a Jesús resucitado (Jn 20:27-28). A pesar de todo, sus nombres están en la lista de honor del cielo. Estos fueron los discípulos que no querían niños cerca de Jesús (Lc 18:15), quienes le pidieron que dejara a la gente hambrienta (Mt 14:15, RVR1960) y lo dejaron solo cuando lo crucificaron. «Entonces todos los discípulos, dejándole, huyeron» (Mt 26:56, RVR1960). Mateo, Pedro y Bartolomé también lo hicieron. A pesar de todo, sus nombres están grabados en los cimientos: Mateo, Pedro y Bartolomé.

Parece que los nombres de las doce tribus y de los apóstoles no son dignos de aparecer en el cielo, ¿no es así? Sin embargo, ¿no te reconforta que estén allí? Grabamos monumentos con los nombres de héroes, filántropos, académicos y exploradores. Pero ¿y si no somos ninguno de ellos? ¿Y si nuestra vida está marcada por adicciones, ira, tiempo en prisión o fracasos?

Dios dice: «Tengo gracia para ti».

La ciudad santa no solo es amplia y acogedora, sino que es, además, hermosa. Los cimientos estarán incrustados con todo tipo de piedras preciosas: jaspe, zafiro, ágata, esmeralda, sardio, crisólito y otras muchas (Ap 21:19-20, LBLA).

La ciudad será del todo transparente, de hecho su muralla será de cristal. En nuestro mundo levantamos muros para escondernos, pero en el nuevo todo estará expuesto. No será necesario alejar a las personas, no habrá secretos ni candados; nada estará oculto.

Cada puerta de la ciudad estará hecha de una sola perla gigantesca. A veces hablamos de manera jocosa de las «puertas de perlas»; sin embargo, debemos considerar su importancia. John Phillips ahonda en el asunto:

> Todas las demás gemas son metales o piedras, pero una perla se forma dentro de una ostra, así que necesita carne viva para formarse. Cuando algún objeto extraño irrita o hiere al molusco en su interior, este construye una perla alrededor del mismo. ¡La ostra responde al agresor formando una perla![5]

Por la eternidad, cada vez que entremos o salgamos de la ciudad santa, las puertas de perlas nos recordarán a nuestro Salvador, quien cargó con el pecado del mundo para que podamos disfrutar de la gloria del cielo.

La perla nace del dolor.

Así será con la Nueva Jerusalén: nacerá del sufrimiento de Jesús. Por la eternidad, cada vez que entremos o salgamos de la ciudad santa, las puertas de perlas nos recordarán a nuestro Salvador, quien cargó con el pecado del mundo para que podamos disfrutar de la gloria del cielo.

Por cierto, nuestro Salvador hará que la ciudad sea espléndida. Las dimensiones serán impresionantes y los materiales extraordinarios. ¿Puertas que son perlas y calles de oro? ¡Nunca hemos visto algo así! Sin embargo, lo que nos atraerá será el mismo Jesús, no las joyas ni los edificios. ¡Lo veremos! Tocaremos las cicatrices de sus manos y escucharemos su voz calmada. Lo conoceremos íntimamente. «... el trono de Dios y del Cordero estará allí, y sus siervos le servirán. Ellos verán su rostro» (Ap 22:3-4, LBLA).

Mira, tómate un momento para que apliques el pasaje a tu vida y puedes decirte, o incluso gritarte a ti mismo: «¡Veré su rostro!».

Vas a mirar a Dios, vas a contemplar al que existe siempre, al que nunca se rindió contigo, delante de quien la creación se inclina. ¡Lo verás! Tendrás un cuerpo glorificado y perfecto en una ciudad glorificada que no envejece, y verás al Dios de la gloria.

Tendrás un cuerpo glorificado y perfecto en una ciudad glorificada que no envejece, y verás al Dios de la gloria.

¿Te imaginas el momento en el que Dios «secará toda lágrima de los ojos, y no habrá más muerte ni tristeza ni llanto ni dolor. Todas esas cosas ya no existirán más» (Ap 21:4, NTV)?

No más cementerios, cáncer, crimen, dictadura, tristeza, suicidio, podredumbre, contaminación ni problemas.

En mi imaginación escucho a Dios, en todo su esplendor, se levanta y habla a los cansados y heridos de este mundo:

> Mira, lo hago todo nuevo, reclamo y redimo. Te devuelvo los años que las langostas y los gusanos te quitaron, los días que pasaste apoyado en muletas y desplomado en tu silla de ruedas, la energía que el cáncer te robó y la alegría que la depresión te quitó. ¿Recuerdas las canciones que tus oídos sordos no podían oír, los Alpes nevados que

tus ojos ciegos no pudieron ver o los misterios que tu débil mente no podía comprender? Pues, ahora ¡disfruta de ellos!

Los opresores te quitaron la paz y la justicia no te defendió; sentiste hambre por el día y miedo por las noches; el racismo y la guerra dañaron tu mundo y tu futuro. ¡No más! No más lágrimas, ni dolor, ni muerte. Te devuelvo el bien que perdiste en el altar de la locura, la esperanza que vendiste en el burdel de la lujuria, y te ofrezco ese amor verdadero que buscaste en los sitios equivocados, en brazos, caminos y aventuras prohibidas. Te doy el verdadero amor; ¡lo hago todo nuevo! ¿Lo ves? Todo nuevo.

¿Te lo imaginas?

Yo no puedo, pero me alegra pensar en eso.

Cuando era niño, mi padre llevó a la familia a Arlington, Texas, para visitar el parque temático Six Flags Over Texas. Estaba muy emocionado. Lo que más disfruté en nuestras dos visitas a la ciudad fue el parque de la marmota. Para nosotros, divertirnos era pasar una tarde en la heladería. El Six Flags era todo color, música y entretenimiento, lo contrario de nuestro pueblito.

Mientras viajábamos en tranvía, le dije a mi padre: «Nunca había visto un lugar tan maravilloso como este» y recuerdo que me respondió con una sonrisa: «Qué bueno, Max, pero déjame decirte que aún estamos en el parqueo».

Pensé que el tren que lleva los pasajeros al parque era la atracción principal. Había dado una vuelta por la entrada y para mí, ya eso hubiera sido unas vacaciones increíbles. Menos mal que mi padre me dijo: «Hay otras cosas más adelante».

Ese es el mensaje de Dios para ti: tiene un lugar y gracia para ti. Levanta tus ojos y pon tu corazón en las moradas celestes; esas que perduran por la eternidad.

Dios tiene un lugar y gracia para ti. Levanta tus ojos y pon tu corazón en las moradas celestes; esas que perduran por la eternidad.

EPÍLOGO

Hechos para algo más grande

EN UNA DE SUS PELÍCULAS, Jack Nicholson interpreta a un gruñón escritor neoyorkino que critica todo cuanto le rodea. Es adinerado pero solitario, quejoso y lleno de miedos. Sus fobias son tantas como las pirañas en el Amazonas y lo atormentan. Le aterra pisar las grietas de la acera, usar una pastilla de jabón más de una vez y hasta dar la mano. Cada día visita el mismo restaurante, se sienta en la misma mesa y pide la misma comida al mismo camarero.

En cierto momento, su neurosis alcanza un punto crítico y decide visitar a su psiquiatra. Cuando llega, observa la sala de espera repleta de pacientes y suelta un suspiro. Aunque evita el contacto físico, no puede eludir el impacto de tantas manías y desdichas.

Entonces se lamenta: «¿Y si esto es lo mejor que puedo esperar?».[1]

Muchas personas creen erróneamente que el mejor momento de sus vidas, su alegría más intensa y sus experiencias más significativas se limitan al período entre el nacimiento y la muerte. Es necesario compartirles la buena noticia: «¿Lo mejor que puedes esperar? No, para nada. Si estás en Cristo, esta vida es lo peor que puedes imaginar».

Cada página y promesa de la Biblia nos invita y llena de emoción con la promesa de una nueva era y un mundo renovado. ¡Te espera tu mejor vida!

Solo mejora, pues tenemos un itinerario detallado y sabemos lo que vendrá a continuación. Deja que la promesa de una vida futura guíe tu camino y vive hoy iluminado por la esperanza celestial.

Acepta la brevedad

Nuestros días en la tierra son:

- «como una sombra» (1 Cr 29:15; Job 8:9, LBLA).
- «como un soplo» (Sal 144:4, LBLA).
- «como la niebla, que aparece por un momento y luego se desvanece» (Stg 4:14, NVI).
- «como las flores silvestres» (Sal 37:20, NVI).
- «más veloces que la lanzadera de telar» (Job 7:6, LBLA).

Cuando cumplí los sesenta años, durante la celebración de mi cumpleaños, pedí a mis hijos adultos un momento especial para enseñarles algo. Por mucho tiempo han recibido este tipo de lecciones; sin embargo, esta vez se quedaron desconcertados.

—Quiero que representen mis sesenta años en esta cuerda.

Era una cuerda larga y gruesa, como las que usaría un marinero para amarrar un barco. Mientras me observaban, la até a un mueble en nuestro salón y llevé el resto afuera. La lancé sobre el barandal del balcón del segundo piso y desapareció de sus vistas.

—Imaginen que esta cuerda se extiende infinitamente —dije mientras les entregaba un marcador negro a cada uno—. La cuerda representa mi existencia eterna. Hagan una marca en ella para indicar la duración de esta vida terrenal, y reflejen la promesa de vida inmortal que Dios nos ha dado.

Empezaron a sonreír y asentir. Cada uno intentó hacer la marca más pequeña que pudo. Uno de ellos dijo acertadamente:

—Papá, no puedo hacerla tan pequeña.

¡Qué breves son nuestras vidas!

Así que al orar podemos decir: «Recuérdame que mis días están contados, ¡y cuán fugaz es mi vida! La vida que me has dado no es más larga que el ancho de mi mano. Toda mi vida es apenas un instante para ti» (Sal 39:4, NTV).

Aceptar que somos efímeros nos da fuerzas para soportar las cargas. «Porque esta leve tribulación momentánea produce en nosotros un

Deja que la promesa de una vida futura guíe tu camino y vive hoy iluminado por la esperanza celestial.

cada vez más excelente y eterno peso de gloria» (2 Co 4:17, RVR1960). Si estos días son pasajeros, ¿no podemos soportarlos?

Mira, imagina que te ofrezco unas vacaciones de cuatro semanas, con todo incluido, al destino que prefieras. ¿Hotel de cinco estrellas? Adelante. ¿Senderismo por los Alpes? Prepara la mochila. ¿Visitar las ruinas de Roma? Ponte la túnica.

> Aceptar que somos efímeros nos da fuerzas para soportar las cargas.

Tu única tarea es soportar una milésima de segundo de incomodidad, como un pellizco o un fósforo encendido que te quema.

¿Aceptarías la oferta?

Por supuesto que no quiero decir que tu cáncer o tu depresión se comparen con un pellizco; más bien quiero que entiendas que, comparados con la eternidad, duran solo un instante.

¿Puedes soportarlo un segundo?

¿Puedes ser fuerte por un segundo?

¿Puedes aguantar por un segundo?

Si esta vida es solo un punto en una cuerda interminable, ¿no es mejor poner tu esperanza en el resto de la cuerda?

Anticipa la belleza

«Si, pues, habéis resucitado con Cristo, buscad las cosas de arriba, donde está Cristo sentado a la diestra de Dios. Poned la mira en las cosas de arriba, no en las de la tierra. Porque habéis muerto, y vuestra vida está escondida con Cristo en Dios» (Col 3:1-3, RVR1960).

Pablo es lógico y práctico; cada uno de nosotros ha «resucitado con Cristo», estamos «donde está Cristo», somos «ciudadanos del cielo» (Fil 1:27, NTV). Él nos ha sentado «con él en los lugares celestiales» (Ef 2:6, NTV). ¿Por qué añoramos algo más? ¿Por qué no estamos satisfechos? ¿Por qué nos hacemos preguntas sobre la fe? Es Dios, que nos atrae hacia él.

Imagínalo así. Una noche, mientras dormías, ataron un hilo a tu dedo gordo del pie. Sentiste que te ataban el nudo, pero estabas demasiado adormilado para reaccionar. Mientras seguías durmiendo, alguien empezó a tirar del hilo y en algún punto de tu subconsciente sentiste el tirón.

Aun así, seguiste durmiendo. Dormiste hasta que tu pie se salió de la cama y tocó el suelo. ¡Es raro que no te cayeras tú también! Despertaste de pronto y miraste hacia abajo, hacia el hilo. En ese momento, alguien tiró con fuerza y tu pie se movió hacia adelante, como si hubieran golpeado tu reflejo de rodilla.

¿Qué harías: ignorar el tirón y volver a dormir? Mucha gente lo hace. Alguien desde algún lugar los está sacando de su letargo, pero se niegan a responder. Se cubren la cabeza con la almohada del mundo y tratan de volver a dormir.

Sin embargo, luego viene un tirón fuerte: la muerte de un amigo, la advertencia del médico, una tarta de cumpleaños con muchas velas. Es demasiado fuerte para ignorarlo, así que sigues el hilo que te lleva por el pasillo, a través de la sala de estar y hasta la cocina, donde tu familia te espera con una fiesta sorpresa de cumpleaños.

Dios ha atado un hilo a cada persona, no en el dedo del pie, sino en el corazón. Él tira, tira con la gloria de un atardecer o con el dolor de un tratamiento de quimioterapia. Busca despertarnos y, de vez en cuando, lo logra. Entonces alguien despierta y sigue el hilo por el pasillo a través de las habitaciones.

Hacen lo que Pablo dice: «... buscad las cosas de arriba, donde está Cristo sentado a la diestra de Dios. Poned la mira en las cosas de arriba» (Col 3:1-2, RVR1960).

Aquí el apóstol utiliza dos verbos esenciales. El primero, *buscar*, es «anhelar con fervor, procurar».[2] La idea es buscar el cielo de la manera en que un marinero busca la costa o un piloto la pista de aterrizaje.

Si te fijas bien, la primera palabra que vemos es *buscar*, pero enseguida el apóstol utiliza el vocablo *poner*. «Poned la mira en las cosas de arriba» (Col 3:2, RVR1960). Este verbo proviene de un término griego que significa «fijar la mente en, ser solícito».[3]

Yo viví este pasaje en el plano terrenal. En 1988 nos mudamos desde Río de Janeiro a San Antonio. Meses antes del viaje unos amigos nos enviaron una fotografía de la casa, que estaba en venta. Era una residencia de ladrillo con una puerta de color marrón oscuro y un gran jardín delantero. Con solo una mirada, me cautivó. Colgué la foto en nuestra cocina y la miraba varias veces al día; estudiaba su exterior e imaginaba cómo sería por dentro. La mostré a las niñas y la examiné con mi esposa. Cuando nos mudamos a San Antonio, podría haber reconocido la casa entre muchas otras. Ya estaba familiarizado con mi nuevo hogar antes de habitarlo.

Cristo quiere que hagas lo mismo. Él ha cambiado tu residencia permanente. «Concentren su atención en las cosas de arriba» (Col 3:2, NVI). «Poned la mira en las cosas de arriba» (LBLA). «Piensen en las cosas del cielo, no en las de la tierra» (NTV). «Piensen en las cosas del cielo, donde Cristo gobierna a la derecha de Dios» (TLA). Estas traducciones se combinan para declarar en un solo versículo: ¡vive a la luz del cielo!

¿Cuán centrado estás en el cielo?

- ¿Vivir y morir te parecen lo mismo?
- Cuando sueñas con tu futuro, ¿piensas más allá de la tumba?
- ¿Alguna vez miras a un hermano de la iglesia y piensas: *Pasarán millones de años y todavía nos conoceremos*?
- ¿Has llegado al punto en que pasear por un cementerio te produce envidia?
- ¿Planeas más la construcción de tu casa en la tierra que la de tu hogar en el cielo?
- ¿Has decidido alguna vez no comprar algo porque carece de valor en el cielo?
- ¿Has escuchado truenos y has pensado que Cristo viene?
- ¿Sueñas despierto con el momento en que verás de nuevo a tus seres queridos?

Un día sin pensar en el cielo es un día perdido, así que es bueno meditar con frecuencia sobre la vida eterna. Necesitamos saber cómo les va a nuestros seres queridos que ya no están aquí; imaginar cómo serán el arrebatamiento y el milenio; pensar en la Nueva Jerusalén y en Dios. El cielo es indispensable para nuestro espíritu; sí, ¡mantengamos nuestra mirada en los cielos!

Uno de mis libros de ilustraciones para sermones contiene una historia sobre un misionero y su pequeño hijo. Se mudaron de Inglaterra a África Central en compañía de otros cuatro adultos. Tres de ellos fallecieron. La salud del padre empezó a quebrantarse, así que decidió volver a Inglaterra. Él y su hijo viajaron durante días a través de África en una carreta vieja y deteriorada. Cuando llegaron a la costa, embarcaron rumbo a Inglaterra. Pocas horas luego de zarpar se formó una tormenta enorme. Las olas y el viento sonaban como cañones disparando y sacudían el barco de proa a popa. Durante un momento en que la tempestad amainó, el padre abrazó y reconfortó a su hijo.

Entonces el niño preguntó: «Papá, ¿cuándo tendremos un hogar que no tiemble?».[4]

> Un día sin pensar en el cielo es un día perdido.

No puedo asegurar que la historia sea del todo verídica, porque el libro no proporciona ninguna fuente. Pero ¿la pregunta? Yo mismo la he hecho, y seguro que tú también. Todas las personas, al experimentar los temblores de este mundo, se han preguntado: «Dios, ¿cuándo tendremos un hogar que no se sacuda?».

¿Qué respondió el padre?: «Pronto, hijo mío, muy pronto».

En *La travesía del Viajero del Alba* de C. S. Lewis, Reepicheep, el ratón valiente se propone descubrir el país de Aslan. «Mientras pueda, navegaré al este en el *Viajero del Alba*. Cuando la nave me falle, remaré al este en mi pequeña barca. Cuando esta se hunda, nadaré al este con mis patas; y cuando ya no pueda nadar más, si no he llegado al país de Aslan o he sido arrastrado por encima del borde del mundo por una catarata enorme, me hundiré con el hocico dirigido a la salida del sol».[5]

Que Dios ponga en nosotros ese mismo anhelo y que naveguemos, rememos, nademos y, si es necesario, muramos con nuestros rostros dirigidos hacia el amanecer, saboreando el día en que al fin estaremos en casa.

En las escrituras antiguas, un grupo de hombres de la tribu de Isacar fue elogiado por entender los tiempos y saber cómo actuar (1 Cr 12:32). Estas son las creencias fundamentales de un buen cristiano. Así que, sabiendo que nuestro Salvador volverá pronto, ¿cómo debemos vivir? ¿Cómo nos preparamos? ¿Qué debemos hacer mientras esperamos?

Los habitantes de Nueva Inglaterra en el siglo XVI se enfrentaron a una situación similar. El 19 de mayo de 1780, el cielo se oscureció tanto al amanecer que parecía de noche. Los pájaros volvieron a sus nidos, los animales se asustaron y la gente entró en pánico. Muchos se preguntaron si el mundo se estaba acabando.

La legislatura de Connecticut estaba reunida cuando sucedió. Como muchos, los políticos pensaron que algo apocalíptico estaba ocurriendo. Uno de ellos sugirió que suspendieran la sesión para que todos pudieran regresar a casa y prepararse para el fin del mundo.

Fue entonces cuando Abraham Davenport, un legislador de sesenta y cinco años de Stamford, se puso de pie y se opuso a la idea de suspender la junta.

> El día del juicio final puede estar cerca o no, ¿quién sabe? Si no lo está, no hay razón para suspender la sesión; y si lo está, quiero estar en mi trabajo cuando se acabe el mundo. Así que, por favor, traigan velas.

Su argumento ganó, así que encendieron las velas y la oscuridad desapareció. El humo de unos incendios forestales de Canadá había llegado hasta Nueva Inglaterra;[6] y era el causante del misterioso eclipse. Jesús no volvió ese día. ¡Pero lo hará y será pronto!

Mientras tanto, sigue con tu vida, ama a tu familia, cumple con tu trabajo, sé amable con los necesitados y escucha a los que están en problemas. Comparte el evangelio, anima a otros a prepararse y a mantenerse listos. Sé como el señor Davenport: «... quiero estar en mi trabajo cuando se acabe el mundo».

«Puesto que todo lo que hoy está aquí puede desaparecer mañana, ¿se dan cuenta de lo esencial que es llevar una vida de santidad? Esperen diariamente el día de Dios» (2 P 3:11-12, MSG).

No sabemos cuándo vendrá nuestro Señor, pero sabemos que vendrá. ¡Que nos encuentre vigilantes!

Material adicional de parte de Max

El Discurso del monte de los Olivos

El Discurso del monte de los Olivos es un sermón que pronunció Jesús tres días antes de su crucifixión y que se documenta en Mateo 24–25, Marcos 13 y Lucas 21. Se centra en el futuro y describe la tribulación de siete años que ocurrirá antes del regreso de Cristo. También se interpreta como una profecía sobre la destrucción de Jerusalén en el año 70 d. C. Sin embargo, yo tengo una opinión diferente en cuanto a esto último ya que parece claro que Jesús se refería al final de los tiempos.

Jesús describió la generación de la profecía cuando dijo: «Les aseguro que no pasará esta generación hasta que todas estas cosas sucedan» (Mt 24:34, NVI). La frase «todas estas cosas» incluye no solo la destrucción de Jerusalén, sino también el regreso victorioso de Cristo (24:29-31) y el juicio de «ovejas y cabras», donde se juzgará a quienes ayudaron a los hermanos de Jesús y a quienes no lo hicieron (25:40). Puesto que ninguna generación ha experimentado aún «todas estas cosas», supongo que Jesús se refiere a una generación futura.

Además, Jesús habló sobre la devastación que se acerca: «... porque habrá entonces gran tribulación, cual no la ha habido desde el principio del mundo hasta ahora, ni la habrá» (24:21, RVR1960). No alcanzan las palabras para describir la destrucción de Jerusalén en el año 70 d. C.

Fue horrible, pero no puede catalogarse como un suceso único en su magnitud. Jesús, con certeza, describe un acontecimiento futuro: la gran tribulación.

La profecía de Daniel

Cabe destacar que los esenios de la zona del mar Muerto, conocidos por sus estrictas reglas de pureza y santidad, estaban muy influenciados por el Libro de Daniel y otros escritos apocalípticos, en especial los de Isaías, que predecían el fin de los tiempos y la llegada del reino de Dios. Esperaban la llegada de un mesías que los librara de la opresión y restaurara Israel. Aunque no sabemos si tuvieron contacto con los seguidores de Jesús, sus creencias y prácticas eran similares a las del cristianismo primitivo, y ya estaban atentos a esta profecía.

El Monte del Templo

En la actualidad, el Monte del Templo es el lugar más disputado del planeta. En el momento que escribo estas líneas, permanece bajo la vigilancia de la Cúpula de la Roca musulmana, y la construcción de un tercer templo judío parece bastante improbable. Sin embargo, no hace mucho, la idea de un Estado judío también parecía imposible, hasta que nació en mayo de 1948.

No se sabe quién, cómo y cuándo el templo será restaurado. Las Escrituras mencionan un tercer templo y un templo milenial. Jesús y Pablo profetizaron sobre el tercer templo y que será el lugar donde el anticristo exigirá adoración y cometerá sacrilegios (Dn 9:27; 11:36-45; Mt 24:15; 2 Ts 2:3-4). El Mesías será quien construya el templo milenial (Zac 6:12-13) con la ayuda de judíos y gentiles redimidos (Hag 2:7; Zac 6:15).

El Instituto del templo y el Movimiento de los Fieles del Monte del Templo y Eretz Yisrael son las principales organizaciones judías que están haciendo los preparativos para el tercer templo.

Más razones para situar el rapto antes de la tribulación

- Los capítulos 4 al 18 de Apocalipsis, que contienen la descripción más detallada de la tribulación, no mencionan la Iglesia. La palabra «iglesia» aparece diecinueve veces en los primeros tres capítulos, pero no se menciona en los catorce siguientes, lo que sugiere que la iglesia está ausente durante la tribulación.
- Se describe a Jesús como «quien nos libra de la ira venidera» (1 Ts 1:10, LBLA) y Pablo también aclara: «Porque no nos ha destinado Dios para ira, sino para obtener salvación por medio de nuestro Señor Jesucristo» (1 Ts 5:9, LBLA).
- Apocalipsis 19:14 describe a la iglesia como parte de los «ejércitos del cielo» que descienden con Jesús para la Batalla de Armagedón, pero la iglesia no podría regresar con Cristo a menos que él ya se la hubiera llevado al cielo.

Preguntas para reflexión

Elaboradas por Sam O'Neal

CAPÍTULO 1

Preparados

Idea principal: Podemos afrontar los problemas de esta vida centrándonos en las promesas de la venidera. Para nosotros es natural y saludable interesarnos por las cosas que han de suceder, ya que comprender el futuro nos capacita para afrontar el presente.

1. Si pensamos en la eternidad, ¿qué significa estar «preparados»?
2. ¿Consideras que estás «preparado»?
3. Un tema clave que aflora una y otra vez en la enseñanza de la Escritura sobre el futuro es «todo gira en torno a la esperanza».
   - ¿Percibes una sensación de desesperanza en el mundo actual? ¿En tu comunidad? Explica.
   - ¿Crecen tus esperanzas al conocer el plan de Dios para el futuro? Explica.
4. Un segundo tema en la enseñanza de la Escritura sobre el futuro es «todo gira en torno a él», es decir, Jesús.
   - Lee 1 Corintios 15:12-20. ¿Qué podemos aprender sobre Jesús en este pasaje?
   - ¿Qué nos dicen estos versículos sobre el futuro?
5. ¿En qué formas Jesús ha hecho nacer la esperanza en tu vida? (Piensa en tres o más momentos específicos en los que necesitaste esperanza).
6. Lee lo que Jesús expresó en Mateo 24:3-14 sobre los años previos al fin de los tiempos. ¿Qué señales específicas indicó Jesús que precederían a su regreso?
7. ¿Por qué el restablecimiento del Estado de Israel en 1948 fue

un acontecimiento importante para la profecía bíblica y también para nuestro futuro?

8. Como seguidores de Jesús, ¿cuáles son algunas formas específicas en las que podemos gritar «¡Comenzó el cuarto tiempo!» a aquellos en nuestras comunidades y también en nuestra cultura?
9. Max compara la profecía bíblica con el desierto de Serengueti, en el que muchos, por un lado, se sienten intimidados; y muchos, al contrario, se pavonean cual cazadores. ¿Dónde te ubicas dentro de ese espectro?
10. Al comenzar la primera parte de este libro, ¿qué esperas aprender o experimentar?

Aplicación: Aparta un momento para reflexionar sobre las principales preguntas que tienes en la mente al empezar a estudiar *Lo que sucederá después*. De estas preguntas ¿cuál respuesta te interesa más saber? Escribe tus preguntas en un diario que dedicarás a este libro.

Señor Jesús: Creo sinceramente que, como miembro de tu reino eterno, estoy listo para comenzar. A medida que lea los capítulos de este libro, te pido que, por favor, me hagas entender si de alguna manera no estoy preparado para la eternidad, o si hay cualquier cosa en mi estilo de vida, o en mi forma de pensar, que necesite cambiar a la luz de tus promesas para el futuro. En el nombre de Jesús, amén.

CAPÍTULO 2

Todo apunta al reinado

Idea principal: El plan de Dios en el huerto del Edén era que la humanidad tuviera dominio sobre nuestro mundo, que gobernara como sus representantes. Ese plan se detuvo a causa del pecado, pero no se abandonó.

1. ¿Qué nueva comprensión recibiste en el capítulo 2?
2. Al leer el relato de la creación, ¿qué te llamó la atención? ¿Qué detalles se relacionan más con la etapa actual de tu vida?
3. Gran parte del plan de Dios para el huerto del Edén giraba en torno al concepto de dominio. En tus propias palabras, ¿qué significó que Adán y Eva fueran creados para tener dominio sobre los animales, las plantas, la tierra y el mar?
4. Según Max, Dios «suspendió temporalmente el plan del huerto del Edén, pero no lo canceló. No renunció a él. Ciertamente no nos abandonó».
    - ¿De qué manera sientes con más intensidad la realidad del pecado en nuestro mundo?
    - ¿Cómo has visto o experimentado más claramente la presencia y el apoyo de Dios en medio de nuestro mundo pecador?
5. Lee 1 Corintios 15:45-49. ¿Cuáles son algunas de las principales

similitudes entre Jesús y Adán? ¿Cuáles son algunas de las principales diferencias?

6. Max expresa: «El mensaje general de la Biblia es la incesante búsqueda que lleva a cabo Dios para rescatar a su familia». ¿Has experimentado que Dios te busca? Explícalo.
7. ¿Qué fue lo más importante para ti de tus primeras experiencias con el evangelio? ¿Cómo te encontraste por primera vez con la verdad de que Jesús murió para salvarte? ¿Hubo obstáculos que debías superar antes de poder aceptar ese mensaje?
8. Reflexiona en el plan de Dios de redimir su plan para el Edén y lo que significa para tu eternidad.
9. Lee Lucas 22:29-30. ¿Qué expresan esos versículos sobre tu propia identidad y propósito?
10. ¿Qué obstáculos te dificultan decir sí a todo lo que Dios te ha ofrecido por medio de Cristo?

Aplicación: Traza una línea en el centro de una hoja de papel. A un lado, escribe tus esperanzas y sueños para tu futuro en este mundo caído. Del otro lado, escribe tus esperanzas y sueños para tu futuro eterno en el mundo perfecto de Dios.

Padre celestial: Abrazo la verdad de que has planeado un destino eterno para mí. Acepto la verdad de que todos los aspectos del futuro, incluido mi futuro, están en tus manos; y digo sí a mi destino de gobernar y reinar con mi Salvador en la vida venidera. En el nombre de Jesús, amén.

CAPÍTULO 3

Pactos vinculantes

Idea principal: Como seres humanos, no flotamos en el vacío de la incertidumbre. Toda la creación está enmarcada por importantes pactos con Dios. Pase lo que pase, él cumplirá su parte de esas promesas.

1. ¿Has pensado en el hecho de que los pactos de Dios te incluyen? ¿Cómo afecta esto tu manera de pensar sobre la vida presente y la venidera?
2. ¿Cómo describirías un pacto? ¿Qué diferencia hay entre un pacto con Dios y un pacto entre personas?
3. Max expresa: «Lo que ocurra en los últimos días tendrá más sentido una vez que conozcas lo que Dios prometió en los primeros días. Podemos basarnos en los pactos vinculantes de Dios, que son las piedras fundamentales». ¿Cuáles de los pactos y promesas de Dios son fundamentales para tu fe?
4. ¿Qué promesa hizo Dios a la humanidad a través de su pacto con Adán y Eva?
5. El pacto de Dios con Abraham se basó en la doble promesa de «descendencia» y «tierra». ¿Cómo han influido esas promesas en el pueblo judío a lo largo de la historia?
6. Lee 2 Samuel 7:12-16 para conocer el pacto que Dios hizo con David, un pacto que señalaba al Mesías.
    - ¿Cuáles de las promesas en esos versículos señalan a

Jesús? ¿Cuáles son más específicas para Salomón, el hijo de David?
- ¿Cuáles de las promesas en esos versículos ya se han cumplido? ¿Cuáles están aún por cumplirse en el futuro?

7. ¿Qué promesas hizo Dios al pueblo judío a través de su pacto con Jeremías?
8. ¿Por qué son importantes estos pactos? ¿Cómo contribuyen estas promesas a tu comprensión de los planes de Dios para la historia? ¿Cómo contribuyen a tu comprensión del carácter de Dios?
9. ¿De qué manera la comprensión de estas promesas amplía tu entendimiento de lo que sucederá en la historia, incluido el fin de los tiempos?
10. Saber que nuestro Padre celestial controla el curso de la historia debería ayudarnos a estar tranquilos respecto al futuro. ¿Qué obstáculos o incertidumbres todavía te causan ansiedad respecto a lo que está por venir?

Aplicación: Esta semana, inicia una conversación con alguien acerca de uno o varios de estos pactos. Explícale lo que has aprendido sobre la forma en que los pactos de Dios no solo influyen en nuestra comprensión del pasado, sino que también dan forma a nuestras expectativas respecto al futuro.

Padre celestial: Afirmo la verdad de que siempre cumples tus promesas. Me has sido fiel en el pasado y confío en ti para mi futuro. Por favor, revélame toda área de mi vida en la que haya permitido que la duda, el miedo o la ansiedad se introduzcan y causen algún distanciamiento entre nosotros. En el nombre de Jesús, amén.

CAPÍTULO 4

El plan de Dios para la eternidad

Idea principal: Daniel 9 es un capítulo fundamental del Antiguo Testamento, pues nos brinda una línea de tiempo fiable que abarca la mayor parte de la historia de la humanidad. La exactitud de esta cronología refuerza nuestra confianza en la profecía bíblica, tanto para el pasado como para el futuro.

1. ¿Qué te sorprendió al leer el capítulo 4? Explícalo.
2. Lee la profecía de los setenta conjuntos de siete en Daniel 9:20-27 (NTV). ¿Qué opinas de esta línea de tiempo para la historia bíblica?
3. ¿Qué promesas específicas le hizo Dios a Daniel en esos versículos?
4. Gran parte de la profecía de Daniel señalaba al Mesías. En Daniel 9:20-27, ¿dónde ves una relación específica con Jesús?
5. La profecía de Daniel abarca un período total de 490 años, pero está dividida en tres bloques: 49 años, 434 años y 7 años finales. ¿Cómo explica el autor el motivo de estos diferentes segmentos de tiempo?
6. Según Max: «Dios detuvo la cuenta regresiva de 490 años en el año número 483. Cuando los judíos rechazaron a su Mesías, Dios decretó una pausa. Hay un intervalo de tiempo entre los años 483 y 484, un paréntesis entre los acontecimientos que se

describen en Daniel 9:26 y 27». ¿Qué ha de suceder durante esos siete años finales?

7. ¿Qué aprendiste en este capítulo sobre el período de tiempo futuro que a menudo llamamos la tribulación?
8. La pausa en la línea de tiempo profética de Daniel permitió a Dios insertar a la iglesia en la historia, razón por la cual vivimos ahora en la era de la iglesia. Al tener en cuenta los planes más amplios de Dios para la humanidad, ¿cuál es la importancia de la iglesia?
9. ¿Qué razones expresa Max sobre por qué debemos confiar en la profecía bíblica?
10. ¿Cómo te ha ayudado este capítulo (y el resto del libro hasta ahora) en tu preparación para lo que sucederá después?

Aplicación: Anota toda duda que tengas sobre la línea de tiempo de Daniel 9 o cualquier otro punto que desees aclarar con más detalle. Dedica algún tiempo hoy a buscar respuestas a esas preguntas. Escribe las respuestas que encuentres.

Señor Jesús: Creo y afirmo que tú eres el protagonista principal de toda la historia bíblica y de toda la historia humana. Tú eres el Mesías del que habló Gabriel a Daniel y eres el descendiente de David cuyo reinado no tendrá fin. Por favor, guíame en los próximos días y semanas mientras sigo conociendo tus planes; dame fuerza y confianza para afrontar el futuro con fe. En tu nombre, Señor Jesús, amén.

CAPÍTULO 5

¿El milenio?

Idea principal: El milenio que se describe en Apocalipsis 20 es motivo de gran debate. Hay muchas razones para aceptar y esperar una edad de oro literal en la que gobernaremos y reinaremos con Cristo.

1. ¿Te aportó este capítulo nuevas ideas sobre el milenio? Explica.
2. Cuando lees Apocalipsis 20:1-6, ¿qué imágenes y frases repetidas captan tu atención?
3. Max identificó cuatro formas de entender los mil años que se describen en Apocalipsis 20. ¿Cómo explicarías cada uno de estos enfoques con tus propias palabras?
    - amilenarismo
    - postmilenarismo
    - premilenarismo
    - panmilenarismo
4. En tu opinión, ¿cuál de estos enfoques concuerda mejor con la Escritura? ¿Por qué?
5. Max utilizó cinco puntos principales como pruebas a favor de la posición premilenar. Describe estos puntos en tu diario.
    1.
    2.
    3.
    4.
    5.
6. ¿Cuáles de estas evidencias a favor de la posición premilenar te parecen más convincentes? ¿Por qué?

7. ¿Cuáles son algunos ejemplos de promesas bíblicas relacionadas con el milenio que aún no se han cumplido?
8. ¿Qué aprendiste acerca de Satanás al leer este capítulo?
9. ¿Han cambiado con el tiempo tus opiniones y tu comprensión del fin de los tiempos? En caso afirmativo, ¿en qué sentido han evolucionado o cambiado?
10. Repasa las cuatro ideas principales (o los cuatro pilares) que Max expuso en la Parte 1. ¿Qué idea te parece más importante a la hora de procesar lo que está por venir? ¿Por qué?

Aplicación: Busca en el sitio web de tu iglesia o denominación las declaraciones doctrinales para ver si incluyen algunas sobre el milenio. De ser así, ¿cómo respondes a esas declaraciones? Si no las hay, considera contactar a alguno de tus pastores para conocer si tu iglesia tiene una posición específica al respecto.

Padre celestial: Te alabo por la autoridad que has demostrado sobre la historia. Tú conoces el final desde el principio, y eres soberano sobre ambos. Gracias por la promesa de un futuro lleno de paz, prosperidad y alegría. En el nombre de Jesús, amén.

CAPÍTULO 6

Los habitantes del paraíso

Idea principal: «¿Adónde vamos cuando morimos?». Es una pregunta que nos ha obsesionado e intrigado a través de la historia. Afortunadamente, es una interrogante que sí tiene respuesta. Para los seguidores de Jesús, no debe haber temor a la muerte.

1. ¿Cuándo empezaste a plantearte esta cuestión?
2. Antes de leer este capítulo, ¿cómo habrías respondido a la pregunta sobre qué les sucede a las personas cuando mueren?
3. ¿Ha cambiado tu respuesta después de leer este capítulo? De ser así, ¿cómo?
4. ¿Cómo le explicarías el concepto de paraíso a alguien que nunca haya escuchado hablar de él? (¿Por ejemplo, en qué se diferencia el paraíso del cielo?)
5. ¿Cuáles son los tres tipos de cielo que se mencionan en las Escrituras?
6. Lee Lucas 23:39-43. ¿Qué dijo Jesús sobre el paraíso cuando estaba en la cruz? ¿Qué revelan estos versículos sobre el momento en el que iremos al paraíso?
7. Según Max, nuestra primera misión al llegar al paraíso será la sanidad de nuestras almas. En tu caso ¿cómo será o en qué consistirá esa sanidad?
8. Max afirma que los santos que actualmente están en el paraíso

pasan tiempo orando por los que aún vivimos en la tierra. ¿Te alienta esa idea? ¿En qué sentido?

9. Basado en este capítulo, ¿qué es lo que más te entusiasma experimentar o disfrutar en el paraíso?

Aplicación: Es poderosa la idea de que los santos en el paraíso interceden y animan a los que estamos en la tierra. Escribe los nombres de tus seres queridos que están actualmente en el paraíso. ¿Qué te estarían diciendo ahora si pudieras oírlos? ¿Cómo sonarían sus oraciones cuando interceden por ti?

Señor mi Dios: Al pensar en los nombres que escribí, te agradezco tanto que cuides de mis seres queridos en el paraíso. Muchas gracias, Señor. Gracias por el profundo amor que has mostrado a los que amo y gracias por la oportunidad de continuar amando a cada una de estas personas por toda la eternidad. En el nombre de Jesús, amén.

CAPÍTULO 7

El rebelde y el rescate

Idea principal: El rapto es la próxima parada en la línea de tiempo de Dios para la historia. Ese día, todos los que son hijos de Dios serán arrebatados con Cristo al paraíso. El resto del mundo será dejado para lidiar con un monstruo conocido como el anticristo.

1. ¿Qué te pareció más interesante o intrigante en este capítulo? Explica.
2. ¿Cómo describirías el término griego *jarpázo*, que se utiliza en las Escrituras para describir el rapto?
3. Según Max, una de las promesas de las Escrituras sobre nuestro futuro es que viene un tipo malo: el anticristo. Lee Daniel 8:23-25. ¿Qué podemos decir con certeza sobre el anticristo según este pasaje?
4. Lee también Apocalipsis 13:1-10. ¿Cómo contribuyen estos versículos a tu comprensión de quién será el anticristo y qué hará?
5. Max afirma que los seguidores de Jesús no experimentarán los terrores del anticristo debido al rapto. «A la señal de Cristo, los cristianos serán llevados a su presencia. Este rescate puede suceder en cualquier momento. Se activará al finalizar "la era de la iglesia"».

- ¿Cuáles son las principales verdades que entiendes sobre el rapto después de leer este capítulo?
- ¿Cómo respondes a la idea de que el rapto podría ocurrir en cualquier momento? ¿Qué significa eso para tu vida?

6. Lee 1 Tesalonicenses 4:16-18. ¿Qué verdades específicas sobre el rapto se presentan en estos versículos?
7. El impacto del rapto se extenderá más allá de los cristianos que viven actualmente. Los cuerpos de los creyentes que han muerto también serán «arrebatados» y transformados. ¿Qué esperanzas tienes de un futuro cuerpo celestial?
8. Según tus experiencias y tu conocimiento de Dios, ¿de qué manera la naturaleza dramática del rapto refleja su esencia y carácter?

Aplicación: Dedica unos momentos a examinar tu vida durante el último mes: tus rutinas, tu trabajo, tus relaciones, tus finanzas, tus hábitos, etc. ¿Qué áreas te gustaría cambiar o ajustar si supieras que el rapto tendrá lugar mañana por la mañana?

Señor Jesús: Ratifico la verdad de que tú eres mi Salvador y que tienes un plan para salvar a tu pueblo. Estoy muy agradecido de estar incluido en ese plan. Me comprometo a estar vigilante y listo al mismo tiempo que hago la obra que me has llamado a hacer y espero el momento de tu regreso. En tu nombre, Señor Jesús, amén.

CAPÍTULO 8

Coronados por Cristo

Idea principal: Después del rapto, nuestros primeros momentos en el paraíso estarán marcados por un juicio: no para asignar castigos, sino para ofrecer recompensas por el servicio fiel. Cristo nos honrará y luego nosotros lo honraremos a él.

1. ¿Qué es lo que más disfrutaste de este capítulo? Explica.
2. Lee 2 Corintios 5:9-11. ¿Cómo te sientes al anticipar este futuro momento de juicio que tendremos en el paraíso?
3. ¿Cómo describirías o explicarías el término *béma*, que se traduce como «tribunal» en el texto? ¿Qué significaba ese término para la audiencia original de Pablo?
4. Según Max, «a cada uno Dios nos presta tiempo, talento y tesoros. La manera en que los usamos determina nuestro reconocimiento. Que recibir las coronas sea nuestra meta».
    - ¿Cuáles son algunos de los principales recursos o talentos que Dios te ha dado para usar para su reino?
    - ¿Qué significaría para ti utilizar esos recursos de manera que merezcan reconocimiento y recompensa en el tribunal de Cristo?
5. Una de las recompensas que podemos recibir es la corona del dominio propio (1 Co 9:25). ¿Qué se requiere en la tierra para que recibamos esa corona en el cielo?

6. Otra posible recompensa es la corona de la influencia (1 Ts 2:19). ¿Cómo describirías esa corona?
7. La siguiente es la corona de la vida (Stg 1:12). ¿Cuál es esa corona y cómo la recibimos?
8. Pablo menciona la corona de la justicia en 2 Timoteo 4:7-8. ¿Qué se necesita para recibir esta corona en el paraíso?
9. La recompensa final de la que se habla en este capítulo es la corona de la gloria (1 P 5:4). ¿Qué es esa corona y cómo la recibimos?
10. El tribunal de Cristo será un momento no solo para recibir coronas, sino también para ofrecerlas. Cualquiera que sea la recompensa que recibamos, la pondremos a los pies de Jesús. Dedica un momento a imaginar esa escena. ¿Qué es lo que ves?

Aplicación: Pensemos de manera práctica y honesta en las cinco coronas mencionadas en este capítulo. ¿Vives de tal manera que pudieras recibir esas coronas? Aplica tu respuesta a cada una de las siguientes:

La corona del dominio propio
La corona de la influencia
La corona de la vida
La corona de la justicia
La corona de la gloria

Señor Jesús: Quiero construir una vida que sea digna de ti: una que contribuya a tu reino. Confieso todas las maneras en que mis acciones y actitudes no han estado a la altura de tu estándar hasta ahora, y te pido que tu Espíritu me llene, me guíe y me convenza para ser digno de tu reconocimiento cuando esté delante de ti en el paraíso. En tu nombre, Señor Jesús, amén.

CAPÍTULO 9

Un matrimonio celestial

Idea principal: Luego del tribunal de Cristo tendrá lugar otro acontecimiento maravilloso en el paraíso: la cena de la boda del Cordero. La iglesia (es decir, todos los que han sido salvados por Cristo) se unirá a Jesús en un momento de alegría continua.

1. ¿Qué preguntas te surgieron al leer este capítulo? ¿Qué información te gustaría que sea aclarada?
2. ¿Qué quieren decir las Escrituras cuando hablan de la iglesia como la novia de Cristo?
3. Cuando las Escrituras describen al pueblo de Dios como parte de la novia de Cristo, ¿qué sientes?
4. Piensa en tus experiencias con bodas. ¿Qué conexiones ves entre esos eventos y tu relación con Dios?
5. Lee la descripción que hace Juan en Apocalipsis 19:7-9 sobre la cena de la boda de Cristo (el Cordero) y su novia. ¿Qué palabras describen ese momento en nuestro futuro?
6. Max escribe sobre cómo Jesús buscó conquistar a su novia. En retrospectiva, ¿de qué maneras ha buscado Jesús conquistar tu corazón a lo largo de tu vida?
7. Max también escribió sobre como Jesús compró a su novia: «En el siglo I, se esperaba que el novio le diera dinero al padre de la novia. Se podía medir el amor del novio según el precio que

estaba dispuesto a pagar. Al amor de Jesús se lo mide de la misma manera».

- ¿Qué precio pagó Jesús por nuestra salvación?
- ¿Por qué es significativo que Jesús haya estado dispuesto a pagar ese precio por nosotros?

8. ¿Qué aprendiste en este capítulo sobre las costumbres judías para los compromisos y las bodas de la época de Jesús?
9. ¿Qué aporta esa información a tu entendimiento de que la iglesia es la novia de Cristo?
10. Ser parte de la novia de Cristo es estar apartado como alguien santo. ¿Qué significa vivir de forma santa?

Aplicación: Max te sugiere dejar «que el día de tu boda defina la manera en que vives hoy». Tómate unos minutos para contemplar la conexión que existe entre tu vida actual y tu participación futura en la cena de la boda del Cordero. Escribe de qué formas concretas tu compromiso con Cristo puede ayudarte a navegar por los desafíos y las oportunidades de tu vida actual.

Padre celestial: Digo que sí a todas las formas en que piensas prepararme para la cena de la boda de Cristo y su novia. Digo que sí a vivir en santidad y con convicción. Digo que sí a la fidelidad y la verdad. Digo que sí a vivir mi vida ahora mismo de una forma que honre y agrade a mi Novio. En el nombre de Jesús, amén.

CAPÍTULO 10

Tras la marcha de los santos

Idea principal: Mientras los santos estén celebrando en el paraíso, el resto de la humanidad estará teniendo una experiencia sumamente distinta en la tierra. La tribulación será una temporada de caos y destrucción que no se parecerá a nada que hayamos presenciado antes.

1. Tómate un momento para imaginar el caos y la destrucción de la tribulación. ¿Cómo describirías ese período?
2. ¿Cuáles son algunos de los métodos principales que Dios utiliza para llamarnos la atención y llevarnos a sí mismo?
3. ¿Por qué crees que algunas personas rechazan a Dios?
4. ¿Qué aprendiste con este capítulo sobre el período de siete años conocido como la tribulación?
5. Lee 2 Tesalonicenses 2:9-10. ¿Cómo contribuye este pasaje a tu comprensión de quién es el anticristo y lo que él hará?
6. El Libro de Apocalipsis nos da una imagen detallada y perturbadora sobre lo que la humanidad experimentará durante la tribulación. Echa una ojeada a los capítulos 6 a 16 de Apocalipsis y describe qué sucede durante las siguientes etapas de este período de siete años:
    - Los siete sellos (capítulo 6)
    - Las siete trompetas (capítulos 8–9, 11)
    - Los dos testigos (capítulo 11)

- Las dos bestias (capítulo 13)
- Las siete copas (capítulos 15–16)

7. ¿Cuál de los juicios enumerados en esos capítulos te parece más aterrador? ¿Por qué?
8. Cuando miras el mundo que te rodea hoy en día, ¿ves señales del caos que se avecina? Explícate.
9. ¿Qué podemos aprender sobre la naturaleza y el carácter de Dios al estudiar la tribulación?
10. ¿Cuáles son algunas buenas razones que podemos tener para aprender de la tribulación aunque ya seamos salvos?

Aplicación: Dedica unos minutos a leer los titulares de noticias de todo el mundo. ¿Qué eventos o temas ves que se correspondan con lo que ya aprendiste sobre la tribulación?

Padre celestial: Oro por cada una de las personas que vaya a vivir el terror de la tribulación. Te ruego que tengas misericordia de la sociedad durante esos siete años y te pido especialmente que libres a tantas personas como sea posible de sufrir esa crisis. Derrama, por favor, tu Espíritu sobre todas las naciones y trae convicción de todas las formas en que sea posible. En el nombre de Jesús, amén.

CAPÍTULO 11

Ahora que ha llegado el caos

Idea principal: Ni siquiera cuando la humanidad esté hundida en la tribulación será abandonada por Dios. El reinado del anticristo será horrendo, pero Dios redimirá una inmensa cosecha de almas.

1. ¿Qué te pareció más interesante o intrigante en este capítulo? Explícate.
2. ¿Sentiste que hubo momentos particulares de la historia de Jeff que hicieron eco en tu vida? Si contestaste que sí, ¿cuáles?
3. ¿Con qué partes de la historia de Emily te sentiste identificado?
4. Si el arrebatamiento ocurriera mañana, ¿cómo se vería afectada tu comunidad?
5. Si fueras un amigo de Jeff antes del arrebatamiento y él te compartiera su mantra, «no necesito ningún Salvador», ¿cómo responderías?
6. Describe cómo reaccionaste a la carta que Pop le escribió a Jeff.
7. Max dijo que le pediría a toda persona que quede atrás en la tribulación que lea Apocalipsis 5. Tómate unos minutos para leer ese capítulo.
    - ¿Cuáles son las imágenes de este capítulo que te parecen más poderosas o notables? Explícate.
    - ¿Qué aporta este capítulo a tu comprensión de la persona y la obra de Jesús?

8. ¿Por qué es importante que Jesús tenga la autoridad para abrir los rollos descritos en Apocalipsis 5?
9. Gracias al ministerio de los 144 000 evangelistas judíos y de los dos testigos que se describe en Apocalipsis 11, una cantidad sin precedentes de personas llegarán a ser salvas durante la tribulación. ¿Qué factores podrían llevar a la gente a enarbolar el evangelio durante esos años?
10. Como seguidores de Jesús en el presente, ¿qué oportunidades tenemos para ayudar a preparar a otras personas para el arrebatamiento y la tribulación?

Aplicación: Haz una lista de tus amigos y familiares que, por lo que tú sepas, no sean salvos. Comprométete a orar por cinco personas de esa lista cada día por una semana.

Padre celestial: Agradezco tanto que, incluso durante la tribulación, tú estarás activo, salvando almas. Mi deseo es ser igual de activo en la actualidad. Por esa razón te pido, Espíritu Santo, que me des los ojos para ver y reconocer a aquellos de entre mis amigos y mis familiares que tal vez no sean miembros de tu reino. Por favor, dame las palabras que debo decirles para que lleguen a tener convicción y a ser salvos. Utilízame como mensajero de tu gracia y tu verdad. En el nombre de Jesús, amén.

CAPÍTULO 12

Las coronas y el carmesí

Idea principal: La primera encarnación de Jesús fue como el Cordero de Dios que se lleva el pecado del mundo. Su siguiente encarnación será como el Rey de reyes que juzga el pecado del mundo.

1. ¿Qué preguntas se te vienen a la mente cuando lees este capítulo?
2. ¿Qué palabras usarías para describir la naturaleza y el carácter de Jesús?
3. Según Max, el regreso de Jesús «es el día en el que se enfocan las profecías y el tema que domina las Escrituras». En tu opinión, ¿por qué el retorno de Jesús será un acontecimiento tan importante en el ámbito de la historia?
4. Lee Mateo 24:29-31 para ver qué dijo Jesús sobre su segunda venida.
    - ¿Qué ideas o imágenes te llaman la atención al leer estos versículos? Explícate.
    - ¿Cuáles son algunos motivos posibles por los que los habitantes de la tierra llorarán cuando vean pruebas en el cielo del regreso de Jesús?
5. ¿Qué significa que Jesús llevará muchas coronas a su regreso?
6. Max escribió: «Un caballo blanco. Innumerables diademas. Ojos resplandecientes. Una túnica ensangrentada. Este no es tu Jesús bebé, manso y tierno. Este es tu Jesús Rey, poderoso y

airado». ¿Cómo encajan estas descripciones en tu comprensión del carácter de Jesús? ¿De su misión y su propósito?

7. Cuando Jesús regrese, juzgará y condenará a todos los que se rebelaron contra su reino. Para ese momento de la historia, ¿qué oportunidades tendrán esos rebeldes para reconocer que se equivocaron en sus caminos y arrepentirse?
8. ¿Por qué es necesario que Jesús entable juicios y exija condenas como el verdadero Rey de este mundo?
9. ¿Qué te hace confiar en que Jesús cumplirá su promesa de regresar a nuestro mundo y juzgar a los enemigos de Dios?
10. ¿Cómo debemos entender la verdad bíblica de que toda rodilla se doblará y toda lengua declarará que Jesús es el Señor? (Fil 2:10-11). ¿Qué significa esto a nivel práctico?

Aplicación: Si el espacio en el que te encuentras te lo permite, usa tu postura física para expresar adoración a Jesús de rodillas. Arrodíllate en sumisión a tu Salvador y luego confiesa con tu boca que él es el Señor. Declara que es el Señor sobre todas las áreas de tu vida, en especial sobre aquellas áreas en las que te resulta difícil someterte a él.

Señor Jesús: Declaro en este momento que tú ya eres Rey. Eres el Rey del universo y el Rey de nuestro mundo: el Rey de reyes. Eres mi Rey, y me arrodillo en sumisión a ti. Confieso con mi lengua que tú eres Señor y que no hay ningún otro. Que tu voluntad sea hecha ahora y al final de este tiempo. En tu nombre, Señor Jesús, amén.

CAPÍTULO 13

Dios recuperará su jardín

Idea principal: El milenio es un concepto que a veces causa confusión y debate entre los estudiantes de la Biblia, pero el mensaje general de las Escrituras apunta a un futuro período de mil años de paz, prosperidad y alegría en la tierra.

1. ¿Qué te gustó más de este capítulo? Explica.
2. ¿Observas que las personas de esta época anhelan un mundo mejor y perfecto? Si es así, describe la evidencia.
3. Max ofrece tres razones por las que Utopía no es posible en nuestro mundo actual. Explica cada una de esas razones.
   - Satanás anda suelto.
   - La gente rechaza a Jesús.
   - Nuestros gobernantes son injustos.
4. ¿De qué formas experimentas cada una de esas realidades en tu propia vida? (¿Qué evidencia has encontrado para esas tres afirmaciones?)
5. Lee Apocalipsis 20:1-6. ¿Qué revela la visión del apóstol Juan sobre el milenio? ¿Qué ideas o imágenes te llaman la atención de esos versículos? Explica.
6. Durante el milenio, Satanás estará ausente de nuestro mundo durante mil años. ¿Cómo crees que esto cambiará nuestra realidad mundial?

7. No solo Satanás será apartado, sino que Jesús ocupará su lugar legítimo como Señor y Rey. ¿Qué cambios crees que traerá eso en nuestro mundo y en nuestras experiencias?
8. ¿Cómo cumplirá el milenio las cuatro promesas que se mencionan en el capítulo 3 de esta guía de estudio?
   - El pacto de Dios con Adán y Eva
   - El pacto de Dios con Abraham
   - El pacto de Dios con David
   - El pacto de Dios con Jeremías
9. ¿Por qué crees que Dios liberará a Satanás al final del milenio? ¿Cuáles serían los propósitos?
10. ¿Cómo la realidad futura del milenio afecta a tu vida actual?

Aplicación: La promesa del milenio ofrece mil años de paz y prosperidad en la tierra, no en un cielo lejano en una nube etérea. Describe con detalle cómo te imaginas viviendo durante ese tiempo. Describe cómo te gustaría que fuera tu vida durante ese período.

Padre celestial: Oro para manifestar mi deseo de un mundo donde Satanás ya no tenga poder ni influencia. Anhelo una tierra donde las personas reconozcan a Jesús como el verdadero Rey. Deseo un mundo donde cada líder refleje tu voluntad y tu carácter justos. ¡Por favor, Padre, haz que ese mundo llegue en tu tiempo! En el nombre de Jesús, amén.

CAPÍTULO 14

Donde el alma va a morir

Idea principal: El infierno es real y lo experimentarán todos los que rechazan a Cristo. Aquellos cuyos nombres están escritos en el libro de la vida no deben temer a la eternidad.

1. ¿Qué pensamientos surgieron al leer este capítulo?
2. Lee sobre el juicio del gran trono blanco en Apocalipsis 20:11-15.
    - ¿Cómo describirías este momento? ¿Qué ocurrirá?
    - ¿Qué es la segunda muerte?
3. ¿Por qué es Dios quien debe juzgar a todas las personas?
4. ¿Cómo describirías los dos tipos de libros que se presentarán durante el juicio del gran trono blanco?
5. Cuando eras niño, ¿qué te enseñaron sobre el infierno?
6. ¿Cómo han cambiado tus creencias sobre el infierno a lo largo de los años?
7. Describe algunas de las ideas que la gente en nuestra cultura tiene sobre el infierno.
8. Max aborda una pregunta común en el mundo de hoy: ¿Cómo puede un Dios de amor enviar a la gente al infierno? ¿Cómo responderías?
9. Resume con tus propias palabras las dos concepciones del infierno mencionadas en este capítulo:

- Tormento consciente y eterno
- Aniquilación (o destrucción)

10. ¿Qué necesita una persona para que su nombre sea escrito en el libro de la vida?

Aplicación: Una vez más, tómate unos minutos hoy (y a lo largo del día) para orar por todo amigo o familiar que esté en un camino espiritual que lo lleve al infierno y la separación de Dios. Pon a esa persona en oración ante Dios; pide que le dé convicción de pecado y lo llame a ser justo.

Señor Jesús: ¡Ten misericordia de nosotros y de todos aquellos cuyos nombres no están escritos en el libro de la vida! Por favor, envía tu Espíritu para revivificar a los muertos, para ayudarnos a sentir convicción y llevarnos a confesar nuestros pecados. Provoca un avivamiento en mi comunidad y muéstrame lo que debo hacer para ser un obrero de tu reino. Oro en tu nombre, Señor Jesús, amén.

CAPÍTULO 15

¡Al fin en casa!

Idea principal: Jesús está preparando un hogar eterno para todos aquellos cuyos nombres están inscritos en el libro de la vida. A este sitio futuro le llamamos cielo y es allí donde veremos a Dios cara a cara.

1. Tómate un momento para visualizar el cielo y el hogar celestial que Dios está preparando para ti. ¿Cómo lo imaginas?
2. ¿Cuál ha sido tu respuesta específica a la búsqueda divina en tu vida?
3. ¿Cuál es la diferencia entre paraíso y cielo?
4. Lee Romanos 8:19-21 y reflexiona sobre lo que estos versículos dicen sobre la creación. ¿Cuál es el destino de nuestro mundo después del milenio?
5. Lee Apocalipsis 21:9-21 y observa cómo Juan describe la nueva Jerusalén, otra forma de referirse al cielo.
   - ¿Qué ideas o imágenes te impactan más?
   - Basándote en estos pasajes, ¿cómo describirías nuestro hogar celestial?
6. Lee el pasaje 22:1-5 de Apocalipsis. ¿Qué añade este fragmento a tu comprensión del cielo futuro?
7. Max nos dice que «Dios tiene un lugar para ti». ¿Qué descubriste sobre el tamaño de la nueva Jerusalén?
8. Dios también te ofrece su gracia inmensurable. ¿Qué significan para ti los nombres inscritos en las puertas y los cimientos de la Nueva Jerusalén?
9. Finalmente, imagina el momento en que estarás cara a cara con Dios. ¿Qué sientes al pensar en ese encuentro?

Aplicación: Recorre tu casa. ¿Qué es lo que más te gusta de ella? ¿Qué es lo que más te agrada de tu barrio y de tu situación actual? Ahora, imagina tu hogar eterno. ¿Qué es lo que más esperas para tu vida en la nueva Jerusalén?

> *Señor Jesús: Creo que, como dicen las Escrituras, estás preparando un sitio especial para mí en este momento. Sé que estás creando un hogar para todos los que te siguen y te lo agradezco con todo mi corazón. Gracias, Señor, por ser tan bueno conmigo y por tus constantes cuidados en esta vida y en la futura. Agradezco todo lo que has hecho por mí y todo lo que prometes hacer. En tu nombre, Señor Jesús, amén.*

EPÍLOGO

Hechos para algo más grande

Idea principal: Lo que hemos experimentado hasta ahora es solo el comienzo de lo que Dios ha preparado para nosotros en la eternidad.

1. ¿Qué fue lo más interesante para ti en este capítulo final? Explícalo.
2. La Escritura con frecuencia habla de la brevedad de la vida: es como una sombra, un vapor o un aliento. ¿De qué manera lo experimentas?
3. ¿Por qué es importante que aceptemos la brevedad de esta vida?
4. Max describe los momentos impactantes de nuestra vida como los tirones de Dios en el dedo del pie, para despertarnos del sueño. ¿Cuáles de ellos te ayudaron a despertar?
5. Para ti, ¿por qué algunas personas eligen permanecer espiritualmente dormidas?
6. Lee Colosenses 3:1-3 y anota lo que Pablo escribió sobre vivir con la eternidad en mente.
    - ¿Cuáles son los beneficios de fijar nuestra mente «en las cosas de arriba», donde está Cristo?
    - ¿Por qué nos resulta difícil mantener esa perspectiva?
7. Según Max, «Un día sin pensar en el cielo es un día perdido, así que es bueno meditar con frecuencia sobre la vida eterna».

¿Cómo podemos prepararnos para disfrutar de la belleza y la alegría de nuestro hogar celestial?

8. ¿Cómo podemos vivir cada día esperando el regreso de Jesús?
9. ¿Qué fue lo más interesante o útil para tu espíritu durante el estudio de este libro?
10. ¿Qué preguntas te quedaron después de leer el capítulo final y dónde podrías encontrar más información al respecto?

Aplicación: Escribe varios de tus momentos más alegres, esos en los que sentiste mucha felicidad y asombro. Cuando tengas una lista, reflexiona sobre lo que esos instantes pueden enseñarte con relación a lo que te espera en el cielo.

Padre celestial: Te agradezco por darme la oportunidad de estudiar tu Palabra y reflexionar sobre los eventos futuros que nos esperan. Gracias que puedo meditar en temas como el arrebatamiento, la tribulación, la cena de bodas del Cordero, el milenio y la Nueva Jerusalén. Gracias porque nos ama y nos cuidas; gracias porque nos muestras lo que vendrá para que emprendemos el futuro con fe. En el nombre de Jesús, amén.

Notas

Capítulo 1: Preparados

1. John MacArthur, *The MacArthur New Testament Commentary*: Apocalipsis 12–22 (Chicago: Moody Publishers, 2000), p. 262.
2. Mark Hitchcock, *The End: Everything You'll Want to Know about the Apocalypse* [El fin: todo lo que deseas saber sobre el apocalipsis] (Carol Stream, Il. Tyndale, 2018), pp. 4-5.
3. Ellyn Maese, «Almost a Quarter of the World Feels Lonely», Gallup, 24 octubre 2023, news.gallup.com/opinion/gallup/512618/almost-quarter-world-feels-lonely.aspx.
4. «Any Anxiety Disorder», NIH National Institute of Mental Health, https://www.nimh.nih.gov/health/statistics/any-anxiety-disorder.
5. «Suicide», National Institute of Mental Health (NIMH), https://www.nimh.nih.gov/health/statistics/suicide.
6. «Alcohol and Drug Abuse Among Young Adults», Centros Americanos de Adicción, última actualización: 4 abril 2024, https://americanaddictioncenters.org/addiction-statistics/young-adults#.
7. «Latest Federal Data Show That Young People Are More Likely Than Older Adults to Be Experiencing Symptoms of Anxiety or Depression», 20 marzo 2023, KFF, https://www.kff.org/mental-health/press-release/latest-federal-data-show-that-young-people-are-more-likely-than-older-adults-to-be-experiencing-symptoms-of-anxiety-or-depression/?utm_source=substack&utm_medium=email.
8. Adam Piore, «Scientists' Understanding of Anxiety is Radically Evolving-—But How Long Will It Take for Treatments to Catch Up?», Newsweek, 5 septiembre 2019, https://www.newsweek.com/2019/09/20/anxiety-medication-drugs-science-exercise-brain-1457006.html.
9. Deidre McPhillips, «Suicide Deaths Reached a Record High in the US in 2022, Despite Hopeful Decreases Among Children and Young Adults», CNN, 29 noviembre 2023, https://www.cnn.com/2023/11/29/health/suicide-record-high-2022-cdc?cid=ios_app.
10. C. S. Lewis, *Mero cristianismo* (Nueva York: MacMillan, 1960), p. 104.
11. Gayle Spinazze, «Press Release: Doomsday Clock Set

at 90 Seconds to Midnight», 24 enero 2023, *Bulletin of the Atomic Scientists*, https://thebulletin.org/2023/01/press-release-doomsday-clock-set-at-90-seconds-to-midnight/.

12. Jeff Diamant, Pew Research Center, «About Four-in-Ten U.S. Adults Believe Humanity is 'Living in the End Times'», 8 diciembre 2022, https://www.pewresearch.org/short-reads/2022/12/08/about-four-in-ten-u-s-adults-believe-humanity-is-living-in-the-end-times/.
13. Atlas, Dr. J. Frank Norris, «Letter on Israel to President Harry S. Truman», AV1611.com, Bible Forums Archive, 20 septiembre 2008, https://av1611.com/forums/showthread.php?t=498.
14. David McCollough, *Truman*, (Nueva York: Simon & Schuster, 1992), pp. 617-620.
15. Ver también Is 43:5-6; 60:8-10; 61:4-6; Jr 16:14-16; 23:3; Ez 11:17-20; 37:1-28.
16. John Gilmore, *Probing Heaven, Key Questions on the Hereafter* [Investigando el cielo, preguntas clave sobre el más allá] (Grand Rapids, MI: Baker Book House, 1989), p. 65.

Parte 1: Cuatro ideas principales

1. Francesca Street, «What Happened on the Qantas Flight to Nowhere», CNN, última actualización: 12 octubre 2020, https://www.cnn.com/travel/article/flights-to-nowhere-qantas/index.html.

Capítulo 2: Todo apunta al reinado

1. Diana Durán, Ana Vanessa Herrero y Terrence McCoy, «How Four Children Survived Amazon Place Crash, 40 Days Alone in Jungle», *Washington Post*, 17 junio 2023, https://www.washingtonpost.com/world/2023/06/17/children-plane-crash-survivors-amazon-colombia/.
2. ¿Dices sí a Cristo? ¡Me alegro por ti! ¡Te veré en el paraíso! Mientras tanto, da los primeros pasos de fe. Busca una iglesia donde puedas bautizarte, aprender sobre la Biblia y pertenecer a una familia de fe.

Capítulo 3: Pactos vinculantes

1. Otros pactos son: el pacto noético (Gn 9:1-17; cp. 1 P 3:18-22; 2 P 2:5) y el mosaico o Antiguo Pacto (Éx 19–24, Dt 11).
2. Michael Vlach, *Premilenialismo* (Los Ángeles: Theological Studies Press), p. 19.
3. Jeremiah, *El libro de las señales*, p. 7.
4. Mark Hitchcock, *The End: Everything You'll Want to Know about the*

Apocalypse [El fin: Todo lo que deseas saber sobre el apocalipsis] (Carol Stream, Il. Tyndale, 2018), p. 85.

5. Charles Swindoll, *Swindoll's Living Insights New Testament Commentary* [Comentario del Nuevo Testamento de Visión para vivir de Swindoll] (Wheaton, IL: Tyndale House, 2014), p. 123.
6. Ver Wikipedia «Aliyá». https://es.wikipedia.org/wiki/Aliá.
7. Lidar Gravé Liza, «Israel's Population to Reach 20 Million By 2065», *Jerusalem Post*, 21 mayo 2017, https://www.jpost.com/israel-news/report-israels-population-to-reach-20-million-by-2065-492429.

Capítulo 4: El plan de Dios para la eternidad

1. Sir Robert Anderson, *El príncipe que ha de venir* (Grand Rapids: Kregal, 1954), pp. 122, 128. Renald Showers, *The Most High God: A Commentary on the Book of Daniel* [El Altísimo: Un comentario del Libro de Daniel] (Westville, NJ: The Friends of Israel Gospel Ministry, 1982); John F. Walvoord, *Daniel—The John Walvoord Prophecy Commentaries* [Daniel: comentarios de John Walvoord sobre las profecías], revisado y editado por Charles Dyer y Phillip Rawley (Chicago: Moody Publishers, 2012), p. 279.
2. Harold W. Hoehner, *Chronological Aspects of the Life of Christ* [Aspectos cronológicos de la vida de Cristo] (Grand Rapids, MI: Zondervan, 1977), pp. 47-65, 131.
3. David Jeremiah, *La escritura en la pared: Secretos de las profecías de Daniel* (Nashville, TN: Editorial Vida, 2020), p. 199.
4. Tyler Perry, «The Siege of Jerusalem in 70 CE», *World History Encyclopedia*, 2 mayo 2022, https://www.worldhistory.org/article/1993/the-siege-of-jerusalem-in-70-ce/.
5. «Our Story», Chosen People Ministries, https://www.chosenpeople.com/our-mission/our-story/; Jeremiah, *La escritura en la pared: Secretos de las profecías de Daniel*, p. 187.
6. Isaac Newton, *Observaciones sobre las profecías de Daniel y el Apocalipsis de San Juan* (Cambridge, Reino Unido: J. Darby y T. Browne, 1733). Ver capítulo 10, «De la profecía de las setenta semanas».
7. Bill Creasy, Daniel, 2.ª ed. (ponencias grabadas), (UCLA: Logos Bible Study, *Daniel* en Audible, https://www.audible.com/pd/Daniel-Audiobook/B005FR6M8C.
8. Hitchcock, *El fin*, p. 68.

Capítulo 5: ¿El milenio?

1. Jeremiah, *El libro de las señales*, p. 362.

2. Una herramienta útil sobre las diferencias de estas opiniones es *The Meaning of the Millennium: Four Views* [El significado del milenio: Cuatro puntos de vista] de George Eldon Ladd (Downers Grove, IL: InterVarsity, 1978).
3. Otros pasajes que parecen describir un reinado de mil años son Salmos 72:8-14 y Zacarías 14:5-17.
4. Hitchcock, *El fin*, p. 412. Philip Schaff, *History of the Christian Church* [Historia de la iglesia cristiana], vol. II (Grand Rapids, MI: Eerdmans, 1910, reimpreso en 1995), p. 614. «El punto más destacado en la escatología de la etapa anterior a Nicea es el sobresaliente quiliasmo, o milenarismo, que es la creencia en un reinado visible de Cristo, en gloria en la tierra con los santos resucitados, durante mil años, antes de la resurrección general y el juicio».
5. Papias como se cita en *Eusebius Ecclesiastical History* Vol. 1 [Historia eclesiástica de Eusebio, vol. 1] (Cambridge, MA: Harvard University Press, 1926), p. 297. Thomas D. Ice, «A Brief History of Early Premillennialism», mayo 2009, chrome-extension://efaidnbmnnnibpcajpcglclefindmkaj/https://digitalcommons.liberty.edu/cgi/viewcontent.cgi?article=1021&context=pretrib_arch.
6. Justino Mártir. 1885. The Dialogue with Trypho [Diálogo con Trifón] (Capítulo LXXX, párrafo 239). En A. Roberts y J. Donaldson (Eds.), Ante-Nicene Fathers [Padres anteriores a Nicea], Volumen I [Online]. Revisado y ordenado cronológicamente con breves prefacios y notas ocasionales de A. Cleveland Coxe (Nueva York, Christian Literature Publishing, 1885). Obtenido de https://ccel.org/ccel/justin_martyr/dialog_with_trypho/anf01.viii.iv.lxxx.html.
7. Ap 13:16-18.

Parte 2: Lo que viene y por qué importa

1. Encontramos el vocablo griego *pantokrátor* en Ap 1:8, 4:8, 11:17, 15:3, 16:7, 16:14, 19:6; 19:15 y 21:22.

Capítulo 6: Los habitantes del paraíso

1. Rick Reilly, «Chillin' with the Splinter», *Sports Illustrated*, 30 junio 2003 https://vault.si.com/vault/2003/06/30/chillin-with-the-splinter.
2. Epicuro, «Cartas a Menoeceus» en *Letters, Principal Doctrines and Vatican Sayings* [Cartas, doctrinas principales y dichos vaticanos], trad. Russell M. Geer (Londres, R. U.: Pearson, 1964).
3. Citado por John Blanchard en *¿Qué ha pasado con el infierno?* (Wheaton, IL: Crossway Books, 1995), p. 62.
4. Robert G. Ingersoll, «A Tribute to Ebon C. Ingersoll», *The Works of Robert G.*

Ingersoll in Twelve Volumes (Nueva York: Dresden Publishing Co., 1912), citado por Billy Graham en *Peace with God: The Secret of Happiness* [Paz con Dios: El secreto de la felicidad] (Nashville, TN: Thomas Nelson, 2017), p. 102.
5. Harald Lindstrom en «Wesley and Sanctification» [Wesley y la Santificación] (Willmore, KY: Francis Asbury, 1980), p. 121.
6. Randy Alcorn, *Heaven: A Comprehensive Guide to Everything the Bible Says About Our Eternal Home* [El cielo: Una guía completa de todo lo que dice la Biblia sobre nuestro hogar eterno] (Wheaton, IL: Tyndale Momentum, 2004), pp. 55-56.
7. Anthony Hoekema, *La Biblia y el futuro* (Grand Rapids, MI: Eerdmans, 1979), p. 104.
8. «Let's Go: Yosemite in Two Days», Yosemite.com, https://www.yosemite.com/itineraries/yosemite-in-two-days/.
9. Citado por Henry Barclay Swete en *The Holy Catholic Church: The Communion of the Saints* [La Santa Iglesia Católica: La comunión de los santos] (Londres: Macmillan, 1915), p. 222. (Bloesch, p. 155).
10. Charles Wesley, autor, «Come, Let Us Join Our Friends Above» (1759), *The United Methodist Hymnal* [El himnario metodista unido] (Plainfield, IN: The United Methodist Publishing House, 1989), p. 709.
11. Calvin Miller, *The Divine Symphony* [La divina sinfonía] (Minneapolis, MN: Bethany, 2000), p. 139.
12. Linda Davis, «Where Will They Find my Boots?» [¿Dónde encontrarán mis botas?] Revista #BecauseFiction Magazine, 21 de noviembre, https://www.becausefiction.com/november-2021-historical-issue.

Capítulo 7: El rebelde y el rescate

1. James Strong, *Nueva Concordancia Strong Exhaustiva* (Miami, FL: Editorial Caribe, 2002), G726 *jarpázo*, p. 36.
2. Hitchcock, *El fin*, p. 253.
3. Strong, H2420 *Kjidá*, p. 140.
4. Dwight J. Pentecost, *Eventos del porvenir: Estudios de escatología bíblica* (Grand Rapids, MI: Zondervan, 1964), p. 235.
5. Strong, G2752 *kéleuma*: «De Esquilo y Heródoto, una orden, un mandato, específicamente, un grito estimulante, ya sea aquel con el cual el hombre despierta e incita a los animales, como el que los cocheros dan a los caballos, los cazadores a los sabuesos, etc., o aquel por el cual se da una señal a los hombres, p. ej. el del capitán de un barco a sus remeros, el comandante a los soldados (Tucídides 2, 92)». BLB Lexicon Resources - Thayer's Greek

Lexicon [Recursos léxicos: Léxico griego de Thayer]. Obtenido de https://www.blueletterbible.org/resources/lexical/thayers.cfm.
6. David Jeremiah, *Momento decisivo*, «At Any Moment (Pt. 2): The Great Disappearance», 4 octubre 2023, https://www.davidjeremiah.org/radio/archives?bid=4330.
7. Jessica Stewart, «Grieving Father Creates Touching Memorial for His Disabled Son», My Modern Met, 19 mayo 2017, https://mymodernmet.com/matthew-stanford-robison-memorial/.
8. David Jeremiah, *El libro de las señales*, p. 212.

Capítulo 8: Coronados por Cristo

1. Armani Syed, «Here's the Full Schedule for King Charles III's Coronation—and What to Expect», *Time*, 24 abril 2023, https://time.com/6274001/king-charles-iii-coronation-schedule/.
2. Francis Brown, S. R. Driver y Charles A. Briggs, *A Hebrew and English Lexicon of the Old Testament* [Léxico hebreo e inglés del Antiguo Testamento] (Oxford, R. U.: Clarendon Press, edición reimpresa, 1974), p. 139. Como se cita en *The Blessing: Giving the Gift of Unconditional Love and Acceptance* [La Bendición: Regalar amor y aceptación incondicionales] de Gary Smalley y John Trent (Nashville, TN: Thomas Nelson, 1989), p. 26.
3. Utilizado con permiso.

Capítulo 9: Un matrimonio celestial

1. Hayyim Schauss, «Ancient Jewish Marriage», The Jewish Telegraphic Agency, https://www.myjewishlearning.com/article/ancient-jewish-marriage/.
2. Zola Levitt, *A Christian Love Story* [Una historia de amor cristiana] (Dallas, TX: Great Impressions Printing, 1978), p. 3.

Capítulo 10: Tras la marcha de los santos

1. Charles Swindoll, *Steadfast Christianity: A Study Guide of 2 Thessalonians* [Cristianismo firme: Una guía de estudio de 2 Tesalonicenses] (Fullerton, CA: Insight for Living, 1986), p. 24.
2. Para consultar una lista de términos, ver Mark Hitchcock, *El fin* (Wheaton, IL: Tyndale House, 2012), pp. 235-237.
3. Mt 24–25, Mr 13, Lc 21.

Capítulo 11: Ahora que ha llegado el caos

1. David J. MacLeod, «The Lion Who Is a Lamb: An Exposition of Revelation 5:1–7» Bibliotheca Sacra (julio-septiembre 2007): pp. 325-330, citado por Hitchcock, El fin, p. 78; Amir Tsafarti, Revealing Revelation *[Revelando el Apocalipsis]* (Eugene, OR: Harvest Prophecy, 2022), p. 84; Charles Swindoll, *Living Insights New Testament Commentary Revelation* [Comentario Swindoll del Nuevo Testamento: Romanos] (Tyndale House, 2014), p. 102.
2. W. A. Criswell, *Expository Sermons on Revelation* [Sermones instructivos sobre Apocalipsis] (Grand Rapids, MI: Zondervan, 1960), pp. 69-70.

Capítulo 12: Las coronas y el carmesí

1. Alfred, Lord Tennyson, «In Memoriam A. H. H.», canto 131 (1850).
2. Blanchard, *¿Qué ha pasado con el infierno?* (Peregrino, 2002), capítulo 7.
3. «I Want a One Way Ticket to Heaven», audio CD, pista 4 en Roy C, *Let's Go Back to God*, CD Baby, 2012.
4. Blanchard, *¿Qué ha pasado con el infierno?*, capítulo 7.
5. Las cifras varían mucho. La cifra de 106 mil millones se cita en www.peopleandplanet.net/doc.php?id=1820.
6. James Hamilton, Jr., *Revelation The Spirit Speaks to the Churches Preaching the Word* [Apocalipsis: El Espíritu habla a las Iglesias que predican la palabra] (Wheaton, IL: Crossway, 2012), p. 355.

Capítulo 13: Dios recuperará su jardín

1. *State of the Bible:* 2022, American Bible Society, https://scripture-engagement.org/content/state-of-the-bible-usa-2022/.

Capítulo 14: Donde el alma va a morir

1. John MacArthur, *Revelation 12–22 MacArthur New Testament Commentary* [Apocalipsis 12-22 MacArthur Comentario del Nuevo Testamento] (Chicago: Moody Press, 2000), p. 245.
2. Robert Jeffress, *Hell? Yes! And Other Outrageous Truths You Can Still Believe* [¿Infierno? ¡Claro que hay infierno! Y otras duras verdades en las que todavía se puede creer] (Colorado Springs, CO: Waterbrook Press, 2004), pp. 71-72.
3. Blanchard, *¿Qué fue del infierno?*, p. 105.
4. James Denny, *Studies in Theology* [Estudios de Teología] (Londres: Hodder and Stoughton, 1904), citado por Bruce Demarest en *The Cross and Salvation: The Doctrine of Salvation* [La Cruz y la Salvación: La doctrina de la salvación] (Wheaton, IL: Crossway Books, 1997), p. 31.

5. Lucas 12:47-48; Mateo 10:15; Mateo 11:22, 24; Alfred N. Martin y Fred Zaspel, «Degrees of Punishment in Hell», The Gospel Coalition, https://www.thegospelcoalition.org/essay/degrees-punishment-hell/ y *Degrees of Punishment in Hell* [Niveles de castigo en el infierno], Coalición por el Evangelio.
6. Para un recurso útil sobre la duración del infierno consulte *Cuatro puntos de vista sobre el infierno*, Preston Sprinkle, editor general (Grand Rapids, MI: Zondervan, 2016).
7. Blanchard, *¿Qué fue del infierno?*, p. 298.

Capítulo 15: ¡Al fin en casa!

1. *Vines Complete Expository Dictionary of Old and New Testament Words* [Vines Diccionario expositivo completo de palabras del Antiguo y Nuevo Testamento] (Nashville, TN: Thomas Nelson, 1985), pp. 430-431.
2. Hitchcock, *El fin*, p. 451.
3. Wilbur M. Smith, «Apocalipsis», en The Wycliffe Bible Commentary, editado por Charles F. Pfeiffer y Everett F. Harrison (Chicago: Moody Press, 1962), p. 1522. Citado por Tom Constable en Notas sobre el Apocalipsis, edición de 2017, p. 234.
4. Alcorn, Heaven, p. 242.
5. John Phillips, *Exploring Revelation* [Estudio de Apocalipsis] (1974; rev. Grand Rapids, MI: Kregel Publications, 2001), p. 254.

Epílogo: Hechos para algo más grande

1. *As Good as It Gets*, dirigido por James L. Brooks (1997; Culver City, CA: TriStar Pictures).
2. *Vines Expository Dictionary of Bible Words* [Diccionario expositivo Vines de palabras de la Biblia] (Nashville, TN: Thomas Nelson, 1985) «buscar», p. 558.
3. *The Hebrew-Greek Key Word Study Bible* 77 *edition* [Biblia de estudio de las palabras clave en hebreo y griego, edición 77], Spiros Zodhiates, ed. (Chattanooga, TN: AMG Publishers, 2008), 5426.
4. *1041 Sermon Illustrations, Ideas and Expositions* [1041 Ilustraciones, ideas y exposiciones para sermones], A. Gordon Nasby, editor (Grand Rapids, MI: Baker Book House, 1953), entrada #282, p. 102.
5. C. S. Lewis, *La travesía del Viajero del Alba* (Nashville, Grupo Nelson, 2023), p. 175.
6. Jimmy Evans, Tipping Point: *The End Is Here* [Punto de inflexión: El fin está aquí] (Southlake, TX: XO Publishing, 2020), p. 190.

LA LÍNEA DE TIEMPO DEL CIELO

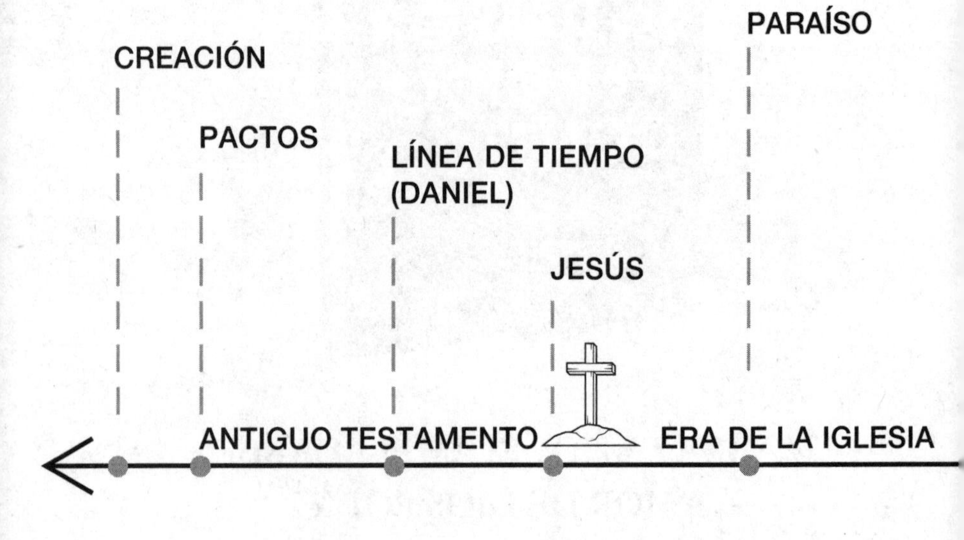

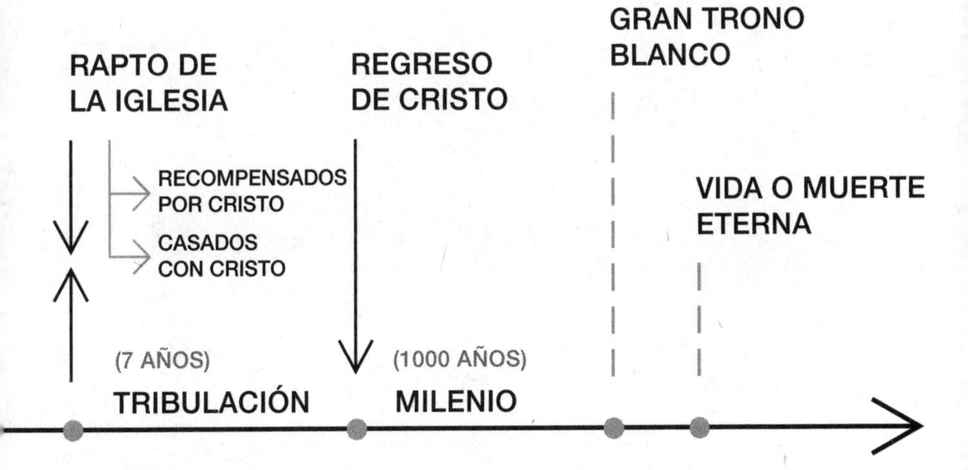
GRAN TRONO
BLANCO
RAPTO DE
LA IGLESIA
REGRESO
DE CRISTO
RECOMPENSADOS
POR CRISTO
CASADOS
CON CRISTO
VIDA O MUERTE
ETERNA
(7 AÑOS)
TRIBULACIÓN
(1000 AÑOS)
MILENIO

Descubre más libros
de Max Lucado en
librosdemaxlucado.com